TIM MÄLZER

VIERUNDZWANZIGSIEBEN kochen

mosaik

Impressum

2. Auflage
Originalausgabe Oktober 2023

Idee & Autor: **Tim Mälzer**
Konzept: **Tim Mälzer, Anja Laukemper, Marcel Stut**
Assistenz Tim Mälzer: **Andrea Gödecke & Frank Meyer**
Projektleitung: **Marcel Stut** (instagram.com/hungrymarci)
Rezepttexte: **Marcel Stut, Anne Haupt**
Texte: **Johan Dehoust, Thees Uhlmann**
Redaktionsleitung: **Cornelia Hanke**
Redaktion: **Dagmar Rosenberger**
Kreativ Direktion & Gestaltung: **Anja Laukemper** (anjalaukemper.de)
Covergestaltung & Illustrationen: **Doppeldenk** (doppeldenk.de)
Illustration Seite 116: **Rocket & Wink** (rocketandwink.com)
Illustration Seite 125: **Juni Maria Stut**
Fotos: **Reinhard Hunger** (reinhard-hunger.de), außer:
Fotos Seite: 74 kl., 83, 167, 194, 220: **Matthias Haupt** (matthiashaupt.de)
Fotos Seite: 62, 100, 132, 142, 146, 166, 184, 206, 227 link, 242, 251: **Frank Meyer** (@jumpallintheair)
Fotos Seite: 67, 68, 88, 104, 193, 215: **Alex Maus** (alexmaus.com)
Foodstyling: **Tim Mälzer, Marcel Stut, Sebastian Brugger**
Küchenassistenz: **Sebastian Brugger**
Requisite und Styling: **Christoph Himmel** (christophhimmel.de)
Sundance Communications: **Oliver Wirtz Brito, Kristina Kraske, Lena Burmester** (sundance.de)
Reproduktion: Mohn Media Mohndruck GmbH, Gütersloh
Druck und Bindung: Mohn Media Mohndruck GmbH, Gütersloh
Printed in Germany
CH · IH
ISBN 978-3-442-39415-9
www.tim-maelzer.de
www.mosaik-verlag.de

MIX
Papier | Fördert gute Waldnutzung
FSC® C011124
FSC www.fsc.org

Penguin Random House Verlagsgruppe FSC® N001967

TIM MÄLZER

VIERUNDZWANZIGSIEBEN

kochen

mosaik

AUGUST
FRÖST
PALMA
MILK
MILK

EIGENER HERD
IST
GOLDES WERT
HOME
HOT

24/7

»DAS EINFACHE« ist zeitgemäß

Geschmacks-Lumump wohin man blickt. Heute ist die kulinarische Vielfalt riesig. Die großartigsten Produkte sind fast immer und überall erhältlich. Doch gefühlt gibt es grade eine Tendenz zur geschmacklichen Vereinheitlichung: Yuzu, Ponzu, Harissa, Tahin, Shizo und Umami. Davon oft zu viel, zu komplex. Mehr soll mehr sein. Es entsteht ein Sammelsurium aus Aromen, die den echten Geschmack der Zutaten verdecken und das Wesentliche vermissen lassen. Doch genau darauf gilt es sich zurückzubesinnen.

»Das Einfache« ist zeitgemäß. Insbesondere zu Hause. Die eigene Küche ist für mich kein Ort, an dem man sich verkünsteln und mit anderen messen sollte. Zu viel auf einmal zu wollen führt in der Regel zu Stress. Trends nachzuhecheln ebenso. Es ist ein Ort, um es sich wirklich gut gehen zu lassen.

Dieses Buch soll eine Hilfestellung für alle sein, die sich am eigenen Herd gerne aufs Wesentliche konzentrieren: gutes und unkompliziertes Essen. Eine Alltagsküche, die einem nicht alltäglich vorkommt. Ohne Frust, weil alles nicht so hinhaut wie beabsichtigt. Ohne dass man hinterher stundenlang abwaschen muss. Unser Alltag ist doch oft schon gehetzt genug – warum sich dann auch noch beim Essen unter Druck setzen? Außerdem ist dieses Buch ein Plädoyer dafür, seinen Alltag zu Hause kulinarisch so individuell zu gestalten, wie es am besten zu einem passt. Sich an Konventionen zu klammern, führt fast zwangsläufig dazu, dass man sich verzettelt. Dieses Buch ist als variabler Speiseplan für den ganzen Tag und die ganze Woche

Dieses Buch ist als variabler Speiseplan für den ganzen Tag und die ganze Woche gedacht – 24/7 eben.

gedacht – 24/7 eben. Komplett ohne Vorschriften. Die Gerichte sind nur Anregungen für bestimmte Tageszeiten. Wann sie tatsächlich zubereitet werden, ist jedem und jeder selbst überlassen. Es ist vollkommen ok, wenn für manche ein Frühstück Spaghetti Bolognese um 14 Uhr bedeutet. Wer abends eine Schale Müsli löffeln möchte, nur zu.

Es gibt heute so viele verschiedene Lebens- und Familienmodelle, und die räumlichen und zeitlichen Grenzen zwischen Arbeit und Freizeit zerfließen. Trotzdem geistert in vielen Köpfen noch die Vorstellung herum, dass pünktlich um halb acht Uhr morgens gefrühstückt werden muss, mit Brötchen und Marmelade. Und sonntagmittags gehört ein Braten auf den Tisch. Ein gutes Stück Fleisch ist etwas Tolles, schmeckt doch aber am Montagabend genauso gut, finde ich.

Die Rezepte in diesem Buch sind für unterschiedliche Alltagssituationen gemacht. Manche sind im Handumdrehen umgesetzt und eignen sich für die schnelle Futterzufuhr für quengelnde Kinder. Andere benötigen etwas mehr Kochzeit und sind vielleicht eher etwas für den entspannten Feierabend. Was sie alle eint: dass sie den Aufwand wert sind. Und garantiert gelingen. Dafür habe ich sie selbst oft genug ausprobiert.

Beste Voraussetzungen also, um mit Spaß und Gelassenheit zu kochen. Sollte dennoch annähernd so etwas wie Stress zu spüren sein, kann ich die Texte in der Buchmitte wärmstens empfehlen. Geschrieben hat sie mein sehr guter Freund Thees Uhlmann. Vielen dürfte er als Musiker und Autor bekannt sein. Er ist aber auch ein leidenschaftlicher Hobbykoch, dem sämtliche Ängste und Nöte beim Kochen vertraut sind. Seine kulinarischen Alltagsbeobachtungen sollen dabei helfen, bloß nicht zu verkrampfen.

Viel Vergnügen wünscht
Tim Mälzer

DILL
ANIS
SALZ
ZIMT
Strychnin
TIME
Lorbeer
PFEFFER
Salbei
ROSI 32168
VITAMIN B12

FRÜHSTÜCK

METT-IGEL

Zeit: 20 Minuten + Kühlzeit

Zutaten

1 TL Salz (ca. 8 g)
1 TL frisch gemahlene schw. Pfefferkörner
⅔ Tl frisch gemahlene Muskatblüte
1 TL frisch gemahlener Kümmel
500 g Schweinenacken oder -schulter
2 rote Zwiebeln
1 Kirschtomate
2 Blaubeeren
1 Zwiebel
2 Stiele glatte Petersilie

1 Gewürze mischen. Fleisch in ca. 2 cm große Würfel schneiden und in einer Schüssel mit den Gewürzen vermengen. Anschließend auf einem flachen Teller verteilen und 20 Minuten ins Gefrierfach oder 1 Stunde in den Kühlschrank stellen.
2 Fleisch anschließend durch die grobe Scheibe des Fleischwolfes drehen. (Man kann das Fleisch auch erst fein würfeln und dann mit dem Messer fein hacken.)
3 Rote Zwiebeln halbieren, Strunkansatz abschneiden und die Zwiebeln in dünne Spalten schneiden.
4 Mett erst zu einer leicht ovalen Kugel, dann zu einem Igel formen. Aus den roten Zwiebeln werden die Stacheln. Mit einer Kirschtomatennase und Blaubeeraugen verzieren. Zwiebel fein würfeln und um den Igel herum verteilen. Mit der Petersilie anrichten und servieren. Dazu passen die Quarkbrötchen von Seite 31.

ÜCKE

SPECKMARMELADE

Für 4 Portionen | Zeit: 25 Minuten

Zutaten

125 g durchwachsener Speck
1 Zwiebel
1 Zweig Rosmarin
140 g Aprikosenmarmelade

1. Speck und Zwiebel sehr fein würfeln und in einem kleinen Topf bei mittlerer Hitze 8–10 Minuten dünsten.
2. Rosmarin und Aprikosenmarmelade zugeben und weitere 5 Minuten dünsten. Marmelade abkühlen lassen und in einem Schraubglas im Kühlschrank lagern.

BURRATA MIT TOMATENMARMELADE

Für 4 Portionen | Zeit: 35 Minuten | vegetarisch

Zutaten

1 Dose (400 g) geschälte Tomaten
1 rote Zwiebel
1 Knoblauchzehe
4 EL Olivenöl
2 Lorbeerblätter
2 Nelken
4 EL Ahornsirup
4 EL Weißweinessig
1 TL fein geriebene Bio-Zitronenschale
1 Prise Salz
Cayennepfeffer
4 Burrata à 125 g

1 Tomaten im Sieb abtropfen lassen. Zwiebel und Knoblauch fein würfeln. 2 EL Öl in einem Topf erhitzen. Zwiebeln und Knoblauch darin glasig dünsten. Lorbeer, Nelken, Ahornsirup und Essig zugeben und kurz einkochen lassen.

2 Die abgetropften Tomaten zugeben und mit einer Gabel zerdrücken. Zitronenschale zugeben und 15 Minuten bei milder Hitze köcheln lassen. Mit Salz und Cayennepfeffer abschmecken und abkühlen lassen.

3 Burrata abtropfen lassen, mit der Tomatenmarmelade anrichten und nach Belieben mit dem restlichen Öl beträufelt servieren. Dazu passt geröstetes Sauerteigbrot.

1
2
3
4

JAPANISCHES FRÜHSTÜCK

1 MISO-LACHS

Für 4 Portionen | Zeit: 35 Minuten

Zutaten

400 g Lachsfilet mit Haut
2 EL helle Misopaste
1 TL Sojasauce
1 TL Honig
2 Pak Choi
2 EL Butter

1. Lachsfilet halbieren. Misopaste, Sojasauce und Honig verrühren. Lachstranchen mit der Hautseite nach unten auf ein Stück Backpapier setzen, mit der Miso-Mischung bestreichen und 15 Minuten kaltstellen.
2. Backofen auf 200 °C (Ober-/Unterhitze) vorheizen. Pak Choi putzen, die Blätter ablösen und waschen. Blätter in kochendem Salzwasser 2 Minuten garen. In ein Sieb abgießen, abschrecken und abtropfen lassen.
3. Lachstranchen auf ein Backblech setzen, mit Butterflocken belegen und im vorgeheizten Backofen 10–12 Minuten garen.
4. Lachs mit dem Pak Choi anrichten und servieren.

2 SUSHI-REIS MIT SOJA-EI

Für 4 Portionen | Zeit: 30 Minuten + Marinier- und Kochzeit

Zutaten

100 ml Sojasauce
50 ml Sake
50 ml Mirin
Zucker
100 ml Geflügelfond
4 Eier (Größe M)
250 g Sushi-Reis
1 TL Salz
2 EL Zucker
3 EL Reisessig
2 EL Mirin (japanischer Reiswein)
1 Noriblatt
2 EL schwarzer Sesam
½ Bund Schnittlauch
50 g Forellenkaviar
Eingelegtes japanisches Gemüse, z.B. Sushi-Ingwer und Rettich

1. Sojasauce, Sake, Mirin, 1 EL Zucker und den Fond aufkochen und abkühlen lassen. Eier in kochendem Wasser 6 Minuten garen, dann abschrecken und pellen. Eier mit der Sojamischung in einen Gefrierbeutel geben. Luft herausdrücken, Beutel verschließen und mindestens 4–10 Stunden (am besten über Nacht) kaltstellen.
2. Sushi-Reis in einer Schüssel mit kaltem Wasser bedecken, waschen und in ein Sieb abgießen. Vorgang mehrmals wiederholen, bis das Wasser klar bleibt. Abgetropften Reis in einen Topf geben. Mit 500 ml kaltem Wasser ohne Deckel aufkochen und zugedeckt bei milder Hitze 20 Minuten ziehen lassen. Dann bei ausgeschaltetem Herd weitere 5 Minuten ziehen lassen.
3. Inzwischen Salz, Zucker, Reisessig und Mirin so lange verrühren, bis sich Salz und Zucker aufgelöst haben. Vorsichtig mit einem Holzlöffel unter den fertig gegarten Reis heben. Reis abgedeckt beiseitestellen.
4. Noriblatt vierteln und in einer Pfanne ohne Fett kurz rösten. Dann in Stücke zupfen. Sesam ebenfalls in einer Pfanne ohne Fett anrösten und abkühlen lassen. Schnittlauch in feine Röllchen schneiden.
5. Reis mit je 1 halbierten Ei, Kaviar, Nori und eingelegtem Gemüse anrichten und mit Schnittlauch und Sesam bestreut servieren

3 MISOSUPPE MIT SEIDENTOFU

Für 4 Portionen | Zeit: 35 Minuten

Zutaten

250 g Seidentofu
10 g Dashi-Kombu ca. 8 x 8 cm
4 EL Bonitoflocken oder 4 getrocknete Shitakepilze (in Stücke gebrochen)
75 g Shitakepilze
2 Frühlingszwiebeln
5 EL helle Misopaste

1. Seidentofu aus der Verpackung nehmen, abtropfen lassen, in eine Schale setzen und 30 Minuten beiseitestellen.
2. Für den Dashi-Fond Kombu mit 1 l Wasser in einen Topf geben und bei mittlerer Hitze ca. 10 Minuten aufkochen. Kombu kurz bevor das Wasser zu kochen beginnt herausnehmen. Bonitoflocken (oder Shitake) zugeben, den Herd ausschalten und alles 10 Minuten ziehen lassen. Dann durch ein feines Sieb passieren. (Funktioniert auch mit Gemüsefond.)
3. Das ausgetretene Tofuwasser abgießen. Tofu vorsichtig in Würfel schneiden und auf Suppen- schalen verteilen. Stiele der Shitakepilze entfernen und Pilzkappen in Streifen schneiden. Frühlingszwiebeln leicht schräg in feine Ringe schneiden.
4. Dashi-Fond in einen Topf füllen und die Misopaste darin unter Rühren auflösen. Pilze zugeben und bei milder Hitze erwärmen. Die Misosuppe darf jetzt nicht mehr kochen!
5. Suppe auf vier Schalen verteilen und mit Frühlingszwiebeln bestreut servieren.

4 SEIDENTOFU MIT SOJASAUCE

Für 4 Portionen | Zeit: 20 Minuten

Zutaten

1 Seidentofu (300 g)
30 g Ingwer
1 Frühlingszwiebel
2 Shizoblätter
2 EL Sojasauce
1 ½ EL Zucker
2 EL Sesamsaat
1 EL Bonitoflocken

1. Seidentofu aus der Verpackung nehmen, abtropfen lassen, in eine Schale setzen und 30 Minuten beiseitestellen.
2. Ingwer schälen. 15 g Ingwer erst in dünne Scheiben, dann in sehr feine Streifen schneiden und in kaltes Wasser legen. Frühlingszwiebel schräg in sehr feine Scheiben schneiden. Shizoblätter in sehr feine Streifen schneiden. Beides zum Ingwer geben.
3. Sojasauce mit 4 EL Wasser und Zucker verrühren. Restlichen Ingwer sehr fein würfeln und untermischen. Sesamsaat in einer Pfanne ohne Fett goldgelb rösten und abkühlen lassen.
4. Das ausgetretene Tofuwasser abgießen. Tofu mit der Sojasaucen-Mischung übergießen. Die abgetropfte Frühlingszwiebelmischung auf dem Tofu verteilen und mit Bonitoflocken und Sesam bestreut servieren.

ENGLISH BREAKFAST SANDWICH

Für 4 Portionen | Zeit: 30 Minuten

Zutaten

250 g Spitzkohl
2 EL Mayonnaise
2 EL Schmand
1 TL Weißweinessig
Salz
Zucker
4 Salsiccia
2 Tomaten
1 Dose Baked Beans (400 g)
16 Scheiben Bacon
1 EL Öl
2 EL Butter
4 Eier (Größe M)
8 Scheiben Sandwichbrot oder Toast
½ Bund Schnittlauch

1 Spitzkohl putzen, waschen, vierteln und in feine Streifen schneiden. Mayonnaise und Schmand verrühren und mit Essig, Salz und 1 Prise Zucker würzen. Kohl untermischen.

2 Die Pelle der Salsiccia vorsichtig einritzen und abziehen. Dann die Würste längs einschneiden, aufklappen und flach drücken. Tomaten in Scheiben schneiden und leicht salzen und zuckern.

3 Baked Beans im Topf erwärmen, die Hälfte herausnehmen und mittelfein pürieren. Beides warmhalten. Bacon in einer Pfanne mit 1 EL Öl knusprig braten und auf Küchenpapier abtropfen lassen.

4 Salsiccia im Bacon-Fett 6–8 Minuten auf beiden Seiten braten. Butter in einer weiteren Pfanne erhitzen und die Eier darin zu Spiegeleiern braten. Brotscheiben toasten. Schnittlauch in feine Röllchen schneiden. Würste aus der Pfanne nehmen und die Tomaten darin bei mittlerer Hitze 1 Minute auf jeder Seite braten.

5 4 Scheiben Toast nach Belieben buttern, mit der Baked-Beans-Creme bestreichen und mit Tomaten, Salsiccia, Baked Beans, Ei und Speck belegen. Mit Schnittlauch bestreuen, die restlichen Brotscheiben daraufsetzen und mit dem Cole Slaw servieren.

SHAKSHUKA

Für 4 Portionen | Zeit: 40 Minuten | vegetarisch

Zutaten

2 rote Zwiebeln
2 Knoblauchzehen
1 rote Spitzpaprika
1 grüne Paprika
6 Stiele glatte Petersilie
8 EL Olivenöl
1–2 EL Harissa
1 Dose Datterini-Tomaten
½ TL gemahlener Kreuzkümmel
1 EL rosenscharfes Paprikapulver
1 TL Oregano
Salz
Zucker
1 EL kalte Butter
200 g Baguette
6 Eier
1 Frühlingszwiebel
1–2 EL Zitronensaft

1 Zwiebeln in Streifen schneiden. Knoblauch fein hacken. Paprika putzen, vierteln, entkernen und in Streifen schneiden. Blätter von 2 Stielen Petersilie abzupfen und fein hacken. 4 El Öl in einer Pfanne erhitzen. Zwiebeln und Paprika darin 8-10 Minuten weich schmoren.

2 Knoblauch und Harissa zugeben und kurz mitrösten. Tomaten, Kreuzkümmel und Paprikapulver zugeben. Mit Oregano, Salz und etwas Zucker abschmecken. Butter und gehackte Petersilie zugeben und offen bei mittlerer Hitze 10 Minuten zu einer dicklichen Sauce einkochen. Dabei ab und zu umrühren. Dann erneut abschmecken.

3 Backofen auf 200 °C (Ober-/Unterhitze) vorheizen. Baguette in dünne Scheiben schneiden und auf einem mit Backpapier belegten Backblech verteilen. Mit 2 EL Öl beträufeln und im vorgeheizten Backofen 8–10 Minuten goldgelb backen.

4 6 Mulden in die Tomatensauce drücken. Eier einzeln aufschlagen und je ein Ei in eine Mulde geben. 1 Minute garen, dann die Eiweiße vorsichtig in die Sauce rühren, dabei aufpassen, dass das Eigelb nicht verletzt wird. Weitere 6–7 Minuten bei mittlerer Hitze stocken lassen.

5 Inzwischen die Frühlingszwiebel in feine Ringe schneiden. Restliche Petersilienblätter abzupfen. Beides mit dem Zitronensaft und 1 EL Öl mischen.

6 Shakshuka mit den Baguettescheiben und den Kräutern anrichten. Mit dem restlichen Öl beträufelt servieren.

PILZ-KARTOFFEL-FRITTATA

Für 4 Portionen | Zeit: 45 Minuten | vegetarisch

Zutaten

300 g Kartoffeln
6 EL Olivenöl
Salz
1 kleine rote Paprika
150 g Kräuterseitlinge
1 rote Zwiebel
3 EL entsteinte Oliven
2 Stiele glatte Petersilie
8 Kirschtomaten
50 g Pecorino
6 Eier (Größe M)
1 EL Butter

1 Kartoffeln schälen, längs halbieren und in dünne Scheiben schneiden. 2 EL Öl in einer beschichteten ofenfesten Pfanne erhitzen und die Kartoffeln darin bei mittlerer Hitze von beiden Seiten goldbraun braten. Dabei mit Salz würzen.

2 Inzwischen die Paprika putzen, vierteln, entkernen und fein würfeln. Kräuterseitlinge und Zwiebel fein würfeln. Oliven klein schneiden. Petersilie hacken, Kirschtomaten halbieren. Pecorino fein reiben. Eier verquirlen. Backofen auf 200 °C (Ober-/Unterhitze) vorheizen.

3 Kartoffelscheiben aus der Pfanne nehmen. 2 EL Öl und Butter in der Pfanne erhitzen. Zwiebel, Paprika und Pilze darin 2–3 Minuten unter gelegentlichem Rühren anbraten. Aus der Pfanne nehmen. 2 EL Öl in der Pfanne verteilen. Pfannenboden mit den Kartoffelscheiben auslegen. Pilzmischung darauf verteilen. Eier zugeben, mit Käse, Tomaten, Oliven und Petersilie bestreuen und bei milder Hitze 2–3 Minuten braten. Dann im vorgeheizten Backofen 15–20 Minuten stocken lassen.

4 Die Frittata mithilfe eines flachen Topfdeckels oder Tellers stürzen und warm oder kalt servieren.

QUARKBRÖTCHEN

Für 8 Stück | Zeit: 30 Minuten | vegetarisch

Zutaten

1 Ei (Größe M)
250 g Magerquark
70 ml Sonnenblumenöl
1 TL Salz
1 TL Zucker
350 g Mehl
3 TL Weinstein-Backpulver
2 EL Milch
nach Belieben Kürbiskerne, Sesam, Mohn, Sonnenblumenkerne oder Kerne-Mix zum Bestreuen

1 Den Backofen auf 190 °C (Ober-/Unterhitze) vorheizen. Ei, Quark, Öl, Salz und Zucker mit den Knethaken des Handrührers gut vermischen.

2 Mehl und Backpulver mischen, zur Quarkmischung geben und zügig mit den Knethaken des Handrührers unterkneten.

3 Teig auf einer leicht bemehlten Arbeitsfläche mit den Händen kurz weiterkneten, zu einer Rolle formen und in 8 gleich große Stücke teilen. Zu Brötchen formen und auf ein Blech mit Backpapier setzen. Brötchen dünn mit Milch bestreichen und mit einer Schere oben kreuzweise einschneiden. Nach Belieben mit Kürbiskernen, Sesam, Mohn, Sonnenblumenkernen oder einem Kerne-Mix bestreuen. Im vorgeheizten Backofen auf der mittleren Schiene 18–20 Minuten backen. Warm servieren.

PORRIDGE MIT BLAUBEEREN

Für 4 Portionen | Zeit: 30 Minuten | vegetarisch

Zutaten

60 g Walnusskerne
600 ml Mandelmilch
4 EL Ahornsirup
150 g zarte Haferflocken
250 g Blaubeeren
½ TL Zimt
120 g Joghurt (3,5 % Fett)
4 EL Kokosraspel

1. Walnusskerne mittelfein hacken. Mandelmilch und 400 ml Wasser in einem Topf aufkochen. Dann die Hitze auf die kleinste Stufe reduzieren. 3 EL Ahornsirup zugeben und unter Rühren auflösen. Haferflocken, die Hälfte der Walnusskerne und die Blaubeeren zugeben und mit Zimt würzen. Bei milder Hitze 10 Minuten ziehen lassen. Anschließend Joghurt unterrühren.
2. Kokosraspel in einer Pfanne ohne Fett goldgelb rösten. Die Hälfte unter das Porridge mischen. Porridge mit dem restlichen Ahornsirup beträufeln und mit den restlichen Walnusskernen und Kokosraspeln bestreut servieren.

PORRIDGE MIT APFEL

Für 4 Portionen | Zeit: 30 Minuten | vegetarisch

Zutaten

60 g Walnusskerne
2 grüne Äpfel
600 ml Mandelmilch
2 gestrichene EL Zucker
150 g zarte Haferflocken
75 g Soft-Cranberrys
1 TL abgeriebene Bio-Zitronenschale
½ TL Zimt
1 EL Butter
2 EL Honig
40 g Mandelblättchen

1. Walnusskerne mittelfein hacken. Einen Apfel schälen und fein reiben. Mandelmilch und 400 ml Wasser in einem Topf aufkochen. Dann die Hitze auf die kleinste Stufe reduzieren. Zucker zugeben und unter Rühren auflösen. Haferflocken, Walnüsse, geriebenen Apfel, Cranberrys, Zitronenschale und die Hälfte vom Zimt zugeben. Bei milder Hitze 10 Minuten ziehen lassen.
2. Inzwischen den anderen Apfel vierteln, entkernen und in Scheiben schneiden. Butter in einer Pfanne schmelzen. Honig zugeben und leicht karamellisieren lassen. Apfelscheiben darin 2–3 Minuten auf beiden Seiten braten.
3. Mandelblättchen in einer Pfanne ohne Fett goldgelb rösten. Die Hälfte unter das Porridge mischen. Porridge mit den Apfelscheiben anrichten und mit Mandelblättchen und dem restlichen Zimt bestreut servieren.

BUTTERMILCH-PANCAKES

Für 12 Pancakes | Zeit: 25 Minuten | vegetarisch

Zutaten

40 g Butter
175 g Mehl
20 g Zucker
1 Prise Salz
½ TL Weinstein-Backpulver
½ TL Natron
2 Eier (Größe M)
225 ml Buttermilch
evtl. 125 g Heidelbeeren
Öl zum Ausbacken
weiche Butter und Ahornsirup zum Servieren

1. Die Butter in einem Topf schmelzen und etwas abkühlen lassen.
2. In einer großen Schüssel Mehl, Zucker, Salz, Backpulver und Natron mit einem Schneebesen gründlich mischen.
3. Eier und Buttermilch in einer zweiten Schüssel verquirlen. Mit der zerlassenen Butter zur Mehlmischung geben und alles nur kurz verrühren. Die Masse nicht zu lange bearbeiten, da sie sonst zäh werden kann. Nach Belieben Heidelbeeren unterheben. 5 Minuten ruhen lassen.
4. Eine beschichtete Pfanne erhitzen und mit Öl auspinseln. Pro Pancake 1–2 Esslöffel der Pancake-Masse in die Pfanne geben. Auf der Unterseite goldbraun backen und sie erst dann umdrehen, wenn sich kleine Bläschen auf der Oberseite bilden und platzen. Das ist der perfekte Zeitpunkt zum Wenden. Dann auch von der anderen Seite goldbraun backen.

Mit weicher Butter und Ahornsirup servieren.

ARME RITTER

Für 4 Portionen | Zeit: 30 Minuten | vegetarisch

Zutaten

5 Eier (Größe M)
150 ml Milch
100 ml Schlagsahne
2 EL Zucker
Salz
8 Scheiben Brioche oder Weißbrot
60 g Kokosraspel
4 EL Öl
4 EL Butter
250 g Schmand
1 Pk. Vanillezucker
Puderzucker

1. Eier, Milch, Sahne, Zucker und 1 Prise Salz verquirlen. 4 Brotscheiben nebeneinander in eine flache Schale legen. Mit der Hälfte der Eiermilch begießen, wenden und ca. 2 Minuten einweichen.
2. Kokosraspel auf einen Teller geben und die Brotscheiben mit einer Seite hineindrücken.
3. Den Ofen auf 120 Grad (Umluft 100 Grad) vorheizen. 2 EL Öl und 2 EL Butter in einer großen Pfanne erhitzen. Brotscheiben etwas abtropfen lassen und darin von jeder Seite ca. 2–3 Minuten bei mittlerer Hitze goldbraun braten. Auf Küchenpapier abtropfen lassen und im heißen Ofen warmstellen. Restliche Brotscheiben mit restlicher Eiermilch, Öl und Butter ebenso zubereiten.
4. Schmand und Vanillezucker verrühren. Waffeln mit dem Himbeerkompott anrichten und mit Puderzucker bestreut servieren.

SCHNELLES HIMBEERKOMPOTT

Für 4 Portionen | Zeit: 10 Minuten | vegan

Zutaten

3 EL Zucker
350 g TK-Himbeeren

1. Zucker in einem Topf schmelzen. 200 g Himbeeren zugeben, aufkochen und köcheln lassen, bis sich der Zucker aufgelöst hat.
2. Anschließend durch ein Sieb in eine Schüssel streichen und sofort mit den restlichen, noch gefrorenen Himbeeren mischen.

VIER SMOOTHIES

Für je 4 Personen | Zeit: 5–10 Minuten

GRÜNER SMOOTHIE | VEGAN

2 grüne Äpfel | 2 Limetten | 250 g Gurke | 3 Stiele Basilikum
2 Stiele Minze | 1 Handvoll Baby-Blattspinat | 3–4 EL Agavendicksaft

Äpfel schälen, vierteln und entkernen. Limetten mit dem Messer bis zum Fruchtfleisch schälen und in Stücke schneiden. Gurke schälen und grob klein schneiden. Basilikum und Minzblätter abzupfen. Alles mit Spinat, 250 ml kaltem Wasser und Agavendicksaft in der Küchenmaschine fein pürieren und kalt servieren.

BLAUBEER-SMOOTHIE | VEGETARISCH

10 g Ingwer | 300 g TK-Blaubeeren | 1 TL Kakaopulver | Salz
1–2 EL Honig | 200 ml Apfelsaft

Ingwer schälen und in Stücke schneiden. Mit Blaubeeren, Kakaopulver, 1 Prise Salz, Honig, Apfelsaft und 250 ml kaltem Wasser in der Küchenmaschine fein pürieren. Gekühlt servieren.

PASSIONSFRUCHT-MÖHREN-SMOOTHIE VEGAN

2 Möhren | 4 Passionsfrüchte | 10 g Ingwer | 1 rosa Grapefruit
1 Prise Cayennepfeffer | 1 Prise Kurkuma | 1–2 EL Agavendicksaft | Saft von 1 Zitrone | 200 ml Apfelsaft

Möhren schälen und klein schneiden. Passionsfrüchte halbieren und das Mark mit einem Teelöffel herauskratzen. Ingwer schälen und klein schneiden. Grapefruit mit dem Messer bis zum Fruchtfleisch schälen und in Stücke schneiden. Alles mit Cayennepfeffer, Kurkuma, Agavendicksaft, Zitronensaft, Apfelsaft und 100–150 ml kaltem Wasser in der Küchenmaschine fein pürieren. Gekühlt servieren.

BEEREN-AYRAN-SMOOTHIE | VEGETARISCH

10 g Ingwer | 200 g gemischte TK-Beeren | 500 ml Ayran
100 ml Apfelsaft | 1 EL Agavendicksaft | Salz | Cayennepfeffer

Ingwer schälen und klein schneiden. Mit den Beeren, Ayran, Apfelsaft, Agavendicksaft, 1 Prise Salz und Cayennepfeffer in der Küchenmaschine fein pürieren. Gekühlt servieren.

BELEGTE BROTE

AVOCADOBROT MIT POCHIERTEN EIERN

Für 2 Portionen | Zeit: 30 Minuten | vegetarisch

Zutaten

1 Avocado
Saft von 1 Limette
Salz
1 große Tomate
½ Bund Schnittlauch
40 g geraspelter Parmesan
½ TL Chiliflocken
2 EL Weißweinessig
2 tagesfrische Eier (Größe M)
5 EL Olivenöl
2 dicke Scheiben Bauernbrot

1 Avocado halbieren, den Stein entfernen und schälen. Das Fruchtfleisch mit einer Gabel zerdrücken und mit Limettensaft und Salz mischen. Tomaten in dünne Scheiben schneiden. Schnittlauch in feine Röllchen schneiden.

2 Käse in 4 Portionen kreisförmig in eine beschichtete Pfanne streuen. Chiliflocken darauf verteilen und bei mittlerer Hitze hellgelb schmelzen lassen. Dann aus der Pfanne nehmen und auf Küchenpapier abtropfen lassen.

3 Für die pochierten Eier einen Topf mit 1,5 l Wasser aufkochen. Die Hitze etwas reduzieren, da das Wasser nicht sprudelnd kochen darf. 1 TL Salz und 2 EL Essig darin auflösen. Eier einzeln in eine kleine Tasse aufschlagen, nacheinander zügig ins Wasser gleiten lassen und 1w2 Minuten gar ziehen lassen, bis das Eiweiß gestockt ist. Anschließend mit einer Schaumkelle herausnehmen und vorsichtig auf einen Teller legen.

4 4 EL Öl in einer großen Pfanne erhitzen und die Brotscheiben darin auf beiden Seiten goldbraun rösten. Die Brote mit den Tomatenscheiben belegen, leicht salzen und pfeffern und das Avocadomus darauf verteilen. Mit den pochierten Eiern und den Parmesanchips anrichten, mit Schnittlauch bestreuen und mit dem restlichen Olivenöl beträufelt servieren.

GRILLED

CHEESE SANDWICH

Für 1 Sandwich | Zeit: 30 Minuten
vegetarisch

Zutaten
2 EL Butter
2 Scheiben Kastenweißbrot oder Toast
50 g grob geriebener Emmentaler
50 g grob geriebener Gruyère

1 Butter in einer Pfanne aufschäumen. Die Brotscheiben darin auf einer Seite goldbraun braten.
2 Brotscheiben aus der Pfanne nehmen. Eine Scheibe auf der ungerösteten Seite mit zwei Dritteln vom Käse belegen und die zweite Scheibe daraufsetzen, geröstete Seite nach oben.
3 Restlichen Käse in Größe der Brotscheibe in die Pfanne streuen und bei milder Hitze schmelzen. Das Sandwich auf den Käse in der Pfanne setzen und in 4–5 Minuten bei milder Hitze knusprig braten.

Tipp: Werden mehrere Sandwiches zubereitet, einfach die bereits fertigen bei 90 °C im Ofen warmhalten.

EIERSALAT-SANDWICH MIT GARTENKRESSE

Für 4 Portionen | Zeit: 25 Minuten | vegetarisch

Zutaten

5 Eier (Gr. M)
80 g Mayonnaise
80 g Schmand
1 EL Senf, grob
2 Gewürzgurken
1 EL Gurkensud
Salz
Pfeffer
Cayennepfeffer
1 Schalotte
1 kleiner Apfel
1 Stange Staudensellerie
1 TL Weißweinessig
4 Brötchen
Butter
½ Bund Schnittlauch
1 Beet Gartenkresse

1. Eier in kochendem Wasser 9 Minuten hart kochen, abgießen, kalt abschrecken und abkühlen lassen.
2. Mayonnaise, Schmand, Senf und Gurkensud in einer Schüssel verrühren. Mit Salz, Pfeffer und Cayennepfeffer abschmecken. Eier pellen, längs vierteln, fein hacken und mit dem Dressing vermengen. Gewürzgurken und Schalotte fein würfeln und untermischen.
3. Apfel vierteln, entkernen, mit dem Sellerie in feine Streifen schneiden und mit 1 Spritzer Essig mischen. Brötchen halbieren und buttern.
4. Schnittlauch in feine Röllchen und Kresse vom Beet schneiden. Brötchenhälften mit Eiersalat belegen. Sellerie-Apfelsalat, Schnittlauch und Kresse darauf verteilen und servieren.

FISCHFRIKADELLEN-BRÖTCHEN

Für 4 Portionen | Zeit: 35 Minuten

Zutaten

400 g Seelachsfilet
½ Bund Schnittlauch
50 g Semmelbrösel
25 g Sahne
1 Ei
Salz, Pfeffer
1 EL Zitronensaft
4 Brötchen
4 Kopfsalatblätter
4 EL Butterschmalz
4 EL gepickelte Zwiebeln (Rezept auf Seite 61)
Estragon-Senf-Creme (Rezept unten)

1. Fischfilet in der Küchenmaschine oder mit einem Messer sehr fein hacken. Schnittlauch in feine Röllchen schneiden. Semmelbrösel, Sahne, Schnittlauch, Ei und Fisch miteinander verkneten. Mit Salz, Pfeffer und Zitronensaft würzen. Zu 4 Frikadellen formen und 10 Minuten abgedeckt kaltstellen.
2. Inzwischen Brötchen aufschneiden. Salat waschen und trockenschleudern.
3. Butterschmalz in einer beschichteten Pfanne erhitzen. Die Fischfrikadellen darin bei mittlerer Hitze auf jeder Seite ca. 3–4 Minuten goldbraun braten.
4. Brötchen mit Salat, Zwiebeln und Frikadellen belegen, mit der Senf-Creme bestreichen und sofort servieren.

ESTRAGON-SENF-CREME

Für 4 Portionen | Zeit: 5 Minuten | vegetarisch

Zutaten

75 g Creme Fraîche
1–2 TL Honig
2 EL mittelscharfer Senf
2 EL grober Senf
5 Stiele Estragon
2 Stiele Petersilie
Salz, Pfeffer

1. Crème Fraîche, Honig und Senf verrühren. Estragon und Petersilienblätter fein hacken, untermischen und mit dem Schneidstab fein pürieren. Mit Salz und Pfeffer abschmecken.

BRÖTCHEN MIT OFENLACHS, MANGO-SALSA UND ZITRONEN-AIOLI

Für 4 Portionen | Zeit: 35 Minuten

Zutaten

400 g Lachsfilet mit Haut
3 EL Olivenöl
1 TL gemahlene Koriandersaat
Salz
2 EL weiche Butter
1 rote Pfefferschote
1 Mango
1 rote Zwiebel
6 Stiele Koriander
2 EL Limettensaft
Zucker
80 g Mayonnaise
1 TL abgeriebene Bio-Zitronenschale
1–2 TL Zitronensaft
1 kleine Knoblauchzehe
4 Brötchen
4 Salatblätter, z.B. Lollo Rosso

1. Fisch auf der Fleischseite mit 1 EL Öl bestreichen und mit Koriander und ½ TL Salz würzen. Backofen auf 90 °C vorheizen. Ein Backblech mit einem Stück Backpapier belegen und mit der Butter fetten. Lachs mit der Hautseite nach unten auf das Backpapier setzen und im vorgeheizten Backofen 20–25 Minuten garen.
2. Inzwischen die Pfefferschote entkernen und fein würfeln. Mango schalen und fein würfeln. Zwiebel fein würfeln, Koriander fein hacken. Alles mit Limettensaft, 2 EL Öl, 1 Prise Zucker und Salz vermengen.
3. Mayonnaise mit Zitronenschale und -saft mischen. Knoblauch dazu pressen und mit Salz würzen.
4. Fisch aus dem Ofen nehmen und mit 2 Löffeln in Stücke zupfen. Brötchen aufschneiden und die Schnittflächen mit der Aioli bestreichen. Die Brötchen mit Salat, Lachs und Salsa belegen und sofort servieren.

NÜRNBERGER-SANDWICH

Für 4 Portionen | Zeit: 35 Minuten

Zutaten

300 g Sauerkraut
100 ml Apfelsaft
1 EL Honig
1 Lorbeerblatt
1 TL Kümmel
½ Bund Schnittlauch
50 g Mayonnaise
50 g süßer Senf
20 Nürnberger Rostbratwürstchen
Salz
Pfeffer
6 EL gepickelte Zwiebeln (Rezept auf Seite 61)
4 Baguettebrötchen
2 Handvoll Chips

1 Sauerkraut, Apfelsaft, Honig, Lorbeer und Kümmel in einem Topf aufkochen. Dann bei milder Hitze 20–30 Minuten offen schmoren, bis die Flüssigkeit fast vollständig verkocht ist.
2 Schnittlauch in feine Röllchen schneiden. Mayonnaise und Senf verrühren. Öl in einer großen Pfanne erhitzen und die Würste darin goldbraun braten.
3 Schnittlauch zum Sauerkraut geben und mit Salz und Pfeffer abschmecken. Brötchen aufschneiden und die Schnittflächen mit der Senfcreme bestreichen. Mit Sauerkraut, Bratwürsten, Zwiebeln und Chips belegen und sofort servieren.

MINUTENSTEAK-SANDWICH MIT KRÄUTER-SALSA

Für 4 Portionen | Zeit: 50 Minuten

Zutaten

1 Bund glatte Petersilie
1 Bund Koriander
4 Stiele Minze
1 Knoblauchzehe
2 Frühlingszwiebeln
2 EL Kapern
2 Sardellen in Öl
12 EL Olivenöl
4 EL Rotweinessig
1 EL getrockneter Oregano
Salz
Pfeffer
8 Scheiben Roastbeef-Minutensteaks à ca. 80 g
1 Rezept Dry Rub (Rezept siehe unten)
4 rote Zwiebeln
1 rote Paprika
1 Baguette

1 Für die Salsa Petersilie und Koriander mit den zarten Stielen grob hacken. Minzblätter abzupfen und grob hacken. Knoblauch fein hacken. Frühlingszwiebel in feine Scheiben schneiden. Kapern und Sardellen fein hacken. Alles mit 6 EL Öl und Essig verrühren und mit Oregano, Salz und Pfeffer würzen.

2 Fleisch rundherum mit Dry Rub bestreuen. Zwiebeln und Paprika in dünne Streifen schneiden.

3 3 EL Öl in einer Pfanne erhitzen. Zwiebeln und Paprika darin 10–15 Minuten weich schmoren. Mit Salz und Pfeffer würzen.

4 Baguette in 4 Stücke teilen, waagerecht halbieren und nach Belieben im Ofen aufbacken. Restliches Öl in einer großen Pfanne erhitzen und die Steaks darin portionsweise bei starker Hitze 1–2 Minuten auf jeder Seite braten. Baguettescheiben mit Gemüse und Steaks belegen, mit der Salsa beträufeln und sofort servieren.

DRY RUB FÜR FLEISCH

Für 4 Portionen | Zeit: 5 Minuten

Zutaten

½ TL schwarze Pfefferkörner
½ TL Koriandersaat
1 TL getrockneter Thymian
1 TL brauner Zucker
Salz
1 EL Paprikapulver, edelsüß
½ TL Cayennepfeffer
1 TL Zwiebelpulver
1 TL Knoblauchpulver

1 Pfefferkörner, Koriandersaat, Thymian, Zucker und 1 TL Salz im Mörser fein mahlen. Paprikapulver, Cayennepfeffer, Zwiebel- und Knoblauchpulver untermischen.

»ZUHAUSE, EIN ORT, AN DEM MAN ES SICH GUT GEHEN LASSEN SOLLTE.«

SMASH BURGER

Für 2 Burger | Zeit: 20 Minuten

Zutaten

320 g Rinderhackfleisch
Salz
Pfeffer
1 Zwiebel
2 EL Butter
2 EL Öl
4 Scheiben Cheddar
2 Burger Buns
4 EL Sandwich-Spread (Rezept auf Seite 61)
4 Sandwichgurken (Rezept auf Seite 61)

1. Fleisch mit Salz und Pfeffer würzen und zu 4 Kugeln formen. Zwiebeln in Ringe schneiden. Butter in einem kleinen Topf schmelzen.
2. Öl in einer Pfanne erhitzen. Zwiebeln in 4 Häufchen darin verteilen und kurz anbraten. Die Fleischkugeln auf die Zwiebeln setzen und mit einem Kartoffelstampfer oder einem kleinen Topf flach drücken. Bei mittlerer Hitze 3–4 Minuten braten. Dann wenden und 1 Minute auf der anderen Seite braten. Pattys jeweils mit 1 Scheibe Käse belegen und 1–2 Minuten fertig garen.
3. Brötchen aufschneiden, die Schnittflächen mit der Butter bestreichen und in einer weiteren Pfanne auf den Schnittflächen anrösten oder im vorgeheizten Backofen bei 200 °C 3 Minuten aufbacken.
4. Bun-Unterhälften mit dem Sandwich-Spread bestreichen und mit Gurken und je 2 Pattys belegen. Die Oberhälften aufsetzen und sofort servieren.

DREIMAL SANDWICH-BEIWERK

Für 4 Portionen | Zeit: 25 Minuten | vegetarisch

SANDWICHGURKEN

Zutaten

100 ml Weißweinessig
100 ml Wasser
100 g Zucker
1 Bio-Salatgurke

1 Essig, Wasser und Zucker in einem Topf aufkochen und um ein Drittel einkochen. Inzwischen die Gurke in dünne Scheiben schneiden und in ein Schraubglas (500 ml) füllen. Mit dem heißen Sud übergießen, verschließen und vollständig abkühlen lassen. Dann im Kühlschrank einen Tag durchziehen lassen.

SANDWICH-SPREAD

Zutaten

2 Stiele Estragon
80 g Mayonnaise
1 TL grober Senf
1 TL edelsüßes Paprikapulver
2 EL Röstzwiebeln
150 g Frischkäse
1 EL Ketchup
Salz
Pfeffer

1 Estragonblätter abzupfen und fein hacken. Die restlichen Zutaten verrühren, Estragon untermischen und mit Salz und Pfeffer abschmecken.

GEPICKELTE ZWIEBELN

Zutaten

100 ml Weißweinessig
100 ml Wasser
100 g Zucker
4 rote Zwiebeln

1 Essig, Wasser und Zucker in einem Topf aufkochen und um ein Drittel einkochen. Inzwischen die Zwiebeln in dünne Scheiben schneiden und in ein Schraubglas (500 ml) geben. Mit dem heißen Sud übergießen, das Glas verschließen und vollständig abkühlen lassen. Dann im Kühlschrank einen Tag durchziehen lassen.

Con
RADIAL
TUBELESS
OUTSIDE

GRÜNE KISTE

MOZZARELLA MIT ERDBEERDRESSING

Für 2 Portionen | Zeit: 25 Minuten | vegetarisch

Zutaten

200 g Erdbeeren
Zucker
1 Handvoll Brunnenkresse oder Rauke
1 Mozzarella (ca. 250 g)
1 ½ EL Weißweinessig
2 EL Olivenöl
Pfeffer
2 Stiele Zitronenmelisse oder Basilikum

1. Erdbeeren putzen, stückig hacken, mit 1 TL Zucker mischen und beiseitestellen.
2. Brunnenkresse verlesen, waschen und trocken schütteln. Mozzarella abtropfen lassen und in Scheiben schneiden. Essig und Öl unter die Erdbeeren mischen und mit Pfeffer würzen.
3. Mozzarella, Brunnenkresse und Melisse auf Tellern anrichten und mit dem Erdbeerdressing beträufelt servieren.

TOMATENSALAT

Für 4 Portionen | Zeit: 20 Minuten | vegan

Zutaten

2 EL Sherryessig
2 EL Zitronensaft
6 EL Olivenöl
Salz
Pfeffer
brauner Zucker
1 rote Zwiebel
2 EL Kapern
6 Stiele Basilikum
800 g gemischte Tomaten
1 Prise Cayennepfeffer

1. Essig, Zitronensaft und Öl verrühren und mit Salz, Pfeffer und ½ TL Zucker würzen. Zwiebel in feine Scheiben schneiden, in einem Sieb kalt abspülen und abtropfen lassen. Zwiebeln und Kapern zum Dressing geben. Basilikumblätter abzupfen.
2. Tomaten in mundgerechte Stücke schneiden. Dabei den Stielansatz entfernen. Tomaten mit dem Dressing vermengen und mit Salz, Cayennepfeffer und Zucker nachwürzen. Salat 5 Minuten ziehen lassen, dann Basilikum untermischen und servieren.

LARB GAI

Für 4 Portionen | Zeit: 30 Minuten

Zutaten

500 g Hähnchenbrustfilet ohne Haut
5 Stiele Zitronengras
2 Knoblauchzehen
2 EL neutrales Öl
Salz
50 ml Hühnerbrühe
1–2 rote Chilischoten
4 Schalotten
100 g Kirschtomaten
1 Bund Koriander
½ Bund Minze
3 EL Jasmin- oder Basmatireis
80 ml Limettensaft
2–3 EL Rohrzucker
6 EL Fischsauce
1 kleiner Kopfsalat

1. Fleisch grob würfeln und 10 Minuten ins Eisfach stellen. Zitronengras putzen, grob klein schneiden und in der Küchenmaschine fein zerkleinern. Fleisch in der Küchenmaschine portionsweise fein zerkleinern. Knoblauch fein hacken.
2. Fleisch, Knoblauch und Zitronengras mischen. Öl in einer beschichteten Pfanne erhitzen und das Fleisch darin bei mittlerer Hitze farblos krümelig braten. Brühe zugeben, salzen und anschließend abkühlen lassen.
3. Chili nach Belieben entkernen und fein hacken, Schalotten in feine Streifen schneiden. Tomaten vierteln. Die Hälfte der Kräuter fein hacken. Reis in einer Pfanne ohne Fett goldgelb rösten, abkühlen lassen und im Mörser mittelfein zerstoßen.
4. Limettensaft, Rohrzucker und Fischsauce verrühren. Fleisch, Schalotten, Chili, Tomaten, gehackten Koriander und gehackte Minze untermischen.
5. Salat putzen und waschen. Je 1 EL Larb auf 1 Salatblatt geben und mit einigen Kräuterblättern und etwas geröstetem Reis bestreuen. Aufrollen und sofort essen.

Blut-
orange
5.-
BIO
GURKEN

GOLD
FAIR
BAUERNHOF
LECKER
KOHLRABI
BROKKOLI
CHICOREE
GRÜNKOHL
SELLERIE
ZUCCHINI
VEGAN

RASPELSALAT

Für 4 Portionen | Zeit: 20 Minuten | vegan

Zutaten

2 EL Zitronensaft
2 EL Weißweinessig
1–2 TL Ahornsirup
6 EL Olivenöl
Salz
Pfeffer
300 g Möhren
150 g Petersilienwurzel
200 g gelbe Bete
1 Apfel
½ Bund Schnittlauch

1 Zitronensaft, Essig, Ahornsirup und Öl verrühren und mit Salz und Pfeffer würzen.

2 Möhre, Petersilienwurzeln und Bete schälen und grob raspeln. Apfel um das Kerngehäuse herum grob raspeln.

3 Das Gemüse mit dem Dressing mischen und mit Salz und Pfeffer abschmecken. Schnittlauch in feine Röllchen schneiden, untermischen und servieren.

GEGRILLTER RADICCHIO

Für 4 Portionen | Zeit: 20 Minuten | vegan

Zutaten

4 EL Haselnussblättchen
200 g rote Weintrauben
2 Stiele glatte Petersilie
2 EL weißer Balsamessig
6 EL Olivenöl
Salz
Pfeffer
2 Köpfe Radicchio Tardivo oder Trevisano

1. Haselnussblättchen in einer Pfanne ohne Fett anrösten und abkühlen lassen. Weintrauben in Scheiben schneiden. Petersilie fein hacken. Essig und 4 EL Öl verrühren. Petersilie und Weintrauben untermischen und die Vinaigrette mit Salz und Pfeffer würzen.
2. Radicchio putzen, waschen, längs halbieren und trocken tupfen. Eine Grillpfanne erhitzen. Die Radicchio-Hälften mit dem restlichen Öl beträufeln und in der Pfanne 2–3 Minuten auf jeder Seite braten. Dabei mit Salz und Pfeffer würzen. Radicchio auf Tellern anrichten, mit der Vinaigrette beträufeln und mit den Haselnussblättchen bestreut servieren.

BREZNSALAT »BAVARIA«

Für 4 Portionen | Zeit: 30 Minuten

Zutaten

300 g Laugenstangen oder Brezeln
2 EL Butter
6 EL neutrales Öl
400 g Fleischwurst
100 g Bergkäse
8 Radieschen
8 Cornichons
1 rote Zwiebel
½ Bund Schnittlauch
3 Stiele glatte Petersilie
1 Stück Meerrettichwurzel
1 ½ EL Dijon-Senf
1 EL süßer Senf
5 EL Weißweinessig
60 ml Cornichonwasser
Salz
Pfeffer

1 Laugenstangen in Scheiben schneiden. Butter und 2 EL Öl in einer Pfanne erhitzen und die Scheiben darin goldgelb braten. Auf Küchenpapier abtropfen lassen.
2 Wurst in Scheiben, Käse, Radieschen und Cornichons in dünne Scheiben schneiden. Zwiebel in dünne Streifen schneiden. Schnittlauch in feine Röllchen schneiden. Petersilie fein hacken. Meerrettichwurzel schälen.
3 2 EL Öl in der Pfanne erhitzen, die Wurstscheiben darin scharf anbraten und herausnehmen.
4 Beide Senfsorten, Essig, 2 EL Öl und das Cornichonwasser verrühren und mit Salz und Pfeffer würzen. Alle vorbereiteten Zutaten vermengen und mit frisch geriebenem Meerrettich bestreut servieren.

SPARGEL-BROT-SALAT

Für 4 Portionen | Zeit: 45 Minuten | vegetarisch

Zutaten

2 EL Rosinen
4 EL Rotweinessig
350 g Ciabatta
2 Knoblauchzehen
9 EL Olivenöl
Salz
6 Stangen weißer Spargel
6 Stangen grüner Spargel
150 g Radicchio
1 rote Zwiebel
120 g Ziegenfrischkäse-Rolle
4 Cantuccini
Salz
Pfeffer

1. Backofen auf 200°C (Ober-/Unterhitze) vorheizen. Rosinen im Essig einweichen. Brot grob würfeln und auf einem mit Backpapier belegten Backblech verteilen. Knoblauchzehen andrücken und mit auf das Blech geben. Brotwürfel mit 3 EL Öl beträufeln, mit Salz würzen und im vorgeheizten Backofen auf der mittleren Schiene 10–12 Minuten goldbraun backen. Dabei einmal wenden.
2. Weißen Spargel putzen und ganz schälen. Grünen Spargel putzen und nur im unteren Drittel schälen. Spargelstangen schräg in ca. 1,5 cm breite Stücke schneiden. Salat waschen, trockenschleudern und in Stücke zupfen. Zwiebel in feine Streifen schneiden und zu den eingeweichten Rosinen geben. Ziegenkäse in Scheiben schneiden. Cantuccini grob hacken.
3. 3 EL Öl in einer beschichteten Pfanne erhitzen. Spargel darin 3–4 Minuten bissfest braten. Dabei mit Salz und Pfeffer würzen. Rosinen-Mischung in eine Salatschüssel füllen, das restliche Öl untermischen und mit Salz würzen. Spargel und Brot zugeben, vermengen und kurz ziehen lassen. Dann den Radicchio unterheben und mit Ziegenkäse belegen. Mit Cantuccini bestreut servieren.

BROTSALAT ORIENT

Für 4 Portionen | Zeit: 35 Minuten | vegetarisch

Zutaten

½ Fladenbrot
10 EL Olivenöl
200 g Kichererbsen aus der Dose
1 Knoblauchzehe
1 rote Zwiebel
8 Kirschtomaten
200 g Zucchini
200 g Wurzelspinat
Salz
Pfeffer
3 Stiele Dill
2 Stiele Minze
3 Stiele glatte Petersilie
Saft von ½ Zitrone
1 EL Apfelessig
1 EL Honig
1 Prise Zimt
1 Prise Kreuzkümmel
½ TL Sumach
Chiliflocken nach Geschmack

1 Backofen auf 180°C (Ober-/Unterhitze) vorheizen. Fladenbrot in ca. 5 mm dünne Scheiben schneiden, auf einem mit Backpapier belegten Backblech verteilen und mit 2 EL Öl beträufeln. Im vorgeheizten Backofen auf der mittleren Schiene 10–12 Minuten knusprig backen.

2 Kichererbsen in einem Sieb abtropfen lassen. Knoblauch hacken. Zwiebel in Spalten schneiden. Tomaten halbieren. Zucchini längs halbieren und dann in Scheiben schneiden. Spinat waschen, trockenschleudern und mit den Stielen klein schneiden.

3 2 EL Öl in einer großen Pfanne erhitzen. Zucchini darin 3–4 Minuten scharf anbraten. Dabei mit Salz würzen. Zwiebeln und Knoblauch zugeben und kurz mitbraten. Spinat mit hineingeben und zusammenfallen lassen. Tomaten und Kichererbsen zugeben. Alles vermengen, salzen, pfeffern und in eine Schüssel füllen.

4 Die Fladenbrotscheiben in Stücke brechen. Kräuter mittelfein hacken. Restliches Öl mit Zitronensaft, Essig und Honig verrühren. Mit Zimt, Kreuzkümmel, Sumach, Chiliflocken, Salz und Pfeffer würzen. Brot, Dressing, Gemüse und Kräuter vermengen, kurz ziehen lassen, abschmecken und servieren.

»DAS EINFACHE IST ZEITGEMÄSS.«

SPARGEL MIT BOZENER SAUCE

Für 4 Portionen | Zeit: 30 Minuten | vegetarisch

1 Eier anpieken und in kochendem Salzwasser 7 Minuten garen. Anschließend abschrecken und pellen.
2 Spargel schälen und die Enden knapp abschneiden. Reichlich kochendes Wasser mit Salz, 1 TL Zucker, Butter, Zitronenschale und -saft würzen. Spargel zugeben, einmal aufkochen und bei milder Hitze 10–12 Minuten gar ziehen lassen.
3 Eier halbieren. Eigelbe in eine Schüssel geben. Eiweiß fein hacken. 3 EL heißes Spargelkochwasser, 1 TL Essig, Senf und 1 Prise Salz zum Eigelb geben und mit einem Schneebesen glatt rühren. Öl unter ständigem Rühren nach und nach zugeben und zu einer cremigen Mayonnaise verrühren. Eiweiß und Parmesan untermischen und mit Salz, Pfeffer, 1 Prise Zucker und Essig abschmecken (ggf. etwas mehr Spargelkochwasser zugeben).
4 Schnittlauch in feine Röllchen schneiden, Kerbel fein hacken und untermischen. Spargel mit der Bozener Sauce servieren.

Zutaten
3 Eier (Größe M)
1,5 kg weißer Spargel
Salz
Zucker
1 EL Butter
2 Streifen Bio-Zitronenschale
2 EL Zitronensaft
1–2 TL Weißweinessig
1 TL mittelscharfer Senf
150 ml Traubenkernöl
2–3 EL fein geriebener Parmesan
Pfeffer
1 Bund Schnittlauch
2 Stiele Kerbel

GRÜNER SPARGEL MIT CRÈME FRAÎCHE UND SARDELLEN

Für 4 Portionen | Zeit: 20 Minuten

Zutaten
5 getrocknete Tomaten in Öl
100 g Crème Fraîche oder Schmand
Salz
1 TL Zitronensaft
8 Sardellenfilets in Öl
½ Bund Schnittlauch
500 g grüner Spargel
2 EL Olivenöl
Pfeffer
40 g Parmesan, frisch gehobelt

1 Tomaten fein würfeln. Crème Fraîche mit 2 EL Öl von den eingelegten Tomaten glatt rühren und mit Salz und Zitronensaft würzen. Sardellen grob klein schneiden. Schnittlauch in feine Röllchen schneiden.
2 Die holzigen Enden vom Spargel wegschneiden, Spargel im unteren Drittel schälen und in kochendem Salzwasser 3 Minuten garen. Spargelstangen längs halbieren, trocken tupfen, mit Öl bestreichen und mit Salz und Pfeffer würzen.
3 Spargel auf dem heißen Grill oder in einer leicht geölten Grillpfanne (ggf. portionsweise) 2–3 Minuten grillen. Aus der Pfanne nehmen und auf einer Platte anrichten. Crème Fraîche auf den Spargel geben und mit Tomaten, Sardellen, frisch gehobeltem Parmesan, Schnittlauch und Pfeffer bestreut servieren.

SPARGELSALAT MIT GRAPEFRUIT

Für 4 Portionen | Zeit: 20 Minuten | vegan

Zutaten

15 g Ingwer
1 rosa Grapefruit
4 EL Olivenöl
Salz
500 g grüner Spargel
2 Stiele Minze
rote Pfefferbeeren

1. Ingwer schälen. Erst in dünne Scheiben, dann in feine Streifen schneiden und in kaltes Wasser legen. Grapefruit so schälen, dass auch die weiße Haut vollständig entfernt wird. Dann die Filets zwischen den Trennhäuten herauslösen und beiseitelegen. Die Grapefruit ausdrücken, den Saft auffangen, mit Olivenöl verrühren und mit Salz würzen.
2. Spargel im unteren Drittel schälen und die holzigen Enden abschneiden. In kochendem Salzwasser 3 Minuten garen.
3. Minzblätter abzupfen. Spargel abgießen, abschrecken, trocken tupfen und in ca. 4 cm lange Stücke schneiden.
4. Spargelstücke, Grapefruitfilets und Minze mit dem Dressing vermengen. Salat mit dem abgetropften Ingwer und den Pfefferbeeren bestreut servieren.

PILZPFANNE MIT RICOTTA

Für 4 Portionen | Zeit: 30 Minuten | vegetarisch

Zutaten

750 g gemischte Pilze, z.B. Champignons, Zitronenseitlinge, Austernpilze, Steinpilze, Pfifferlinge, Samthauben, Pom-pom Blanc
1 Knoblauchzehe
½ Bund Schnittlauch
1 Bio-Zitrone
1 Römersalatherz
5 EL Olivenöl
2 EL Butter
1 TL Honig
Salz
Pfeffer
150 g frischer Ricotta oder Hüttenkäse

1 Pilze putzen und in Stücke schneiden. Knoblauch in dünne Scheiben und Schnittlauch in feine Röllchen schneiden. Zitrone in Spalten schneiden. 1 Spalte auspressen und den Saft auffangen. Salat putzen und waschen.

2 Öl in einer großen Pfanne erhitzen und die Pilze darin 10 Minuten bei mittlerer Hitze braten. Dabei ab und zu wenden. Knoblauch zugeben und weitere 2 Minuten braten. Butter, Honig und Zitronensaft zugeben, mit Salz und Pfeffer würzen und 2–3 Minuten braten.

3 Pilze mit Ricotta, Salat und den Zitronenspalten anrichten und mit Schnittlauch bestreut servieren.

GEGRILLTE PILZE

Für 2–4 Portionen | Zeit: 20 Minuten | vegetarisch

Zutaten

500 g gemischte Pilze, z.B. Portobello, Kräuterseitlinge, Austernpilze
6 EL Olivenöl
Salz
2 Frühlingszwiebeln
Saft von ½ Zitrone
2 Stiele Basilikum
4–5 EL Pesto

1. Pilze putzen und in ca. 1 cm dicke Scheiben schneiden, mit 5 EL Öl beträufeln und mit Salz würzen. Frühlingszwiebeln putzen, waschen, in feine Ringe schneiden und mit Zitronensaft und dem restlichen Öl mischen.
2. Pilze auf dem heißen Grill oder in einer leicht geölten Grillpfanne (ggf. portionsweise) 4–5 Minuten auf jeder Seite grillen.
3. Pilze auf Tellern anrichten, mit Frühlingszwiebeln und gezupften Basilikumblättern bestreuen, salzen und mit Pesto beträufelt servieren.

PESTO AUS DEM MÖRSER

Für 4 Portionen | Zeit: 15 Minuten | vegetarisch

Zutaten

20 g Parmesan
20 g Pinienkerne
50 g Basilikum
1 Knoblauchzehe
Salz
100 ml Olivenöl

1. Parmesan fein reiben. Pinienkerne in einer Pfanne ohne Fett anrösten und vollständig abkühlen lassen. Basilikumblätter abzupfen.
2. Knoblauch mit 1 Prise Salz im Mörser zerstoßen. Basilikum zugeben und fein zerreiben. Pinienkerne zugeben und ebenfalls fein zerreiben. Die Hälfte vom Parmesan und vom Öl zugeben und zu einer Paste mischen. Zum Schluss restliches Öl und Parmesan zugeben und untermischen.
3. Das Pesto passt zu gegrilltem oder gebratenem Gemüse, Fleisch, Fisch und natürlich zu Pasta.

Tipp: Nicht verwendetes Pesto in ein Schraubglas füllen und mit einem Fingerbreit Olivenöl bedecken. Im Kühlschrank lagern und innerhalb weniger Tage verbrauchen.

EIER MIT KRÄUTERSAUCE

Für 4 Portionen | Zeit: 35 Minuten

Zutaten

3 EL Butter
2 EL Mehl
500 ml Vollmilch
300 ml Gemüsebrühe
8 Eier (Größe M)
4 Stiele glatte Petersilie
4 Stiele Kerbel
1 Stiel Dill
½ Bund Schnittlauch
2–3 EL Dijon-Senf
2 EL Sahne-Meerrettich
Salz
Pfeffer
Zucker

1. Butter in einem Topf schmelzen. Mehl zugeben und unter Rühren bei mittlerer Hitze aufschäumen lassen. Milch und Gemüsebrühe nach und nach zugeben und zügig mit dem Schneebesen verrühren. Bei milder Hitze 15 Minuten kochen lassen, dabei ab und zu umrühren.
2. Eier in kochendem Wasser 6 Minuten garen. Kräuterblätter abzupfen und grob hacken. Schnittlauch in Röllchen schneiden. Kräuter in die Sauce geben und mit dem Schneidstab fein pürieren. Sauce mit Senf, Meerrettich, Salz, Pfeffer und 1 Prise Zucker würzen.
3. Die Eier abschrecken, pellen und zur Sauce geben. 2 Minuten bei milder Hitze ziehen lassen. Dazu passen Salzkartoffeln.

SENF-EIER

Für 4 Portionen | Zeit: 35 Minuten

Zutaten

Salz
Zucker
1½ EL helle Senfsaat
3 EL Butter
2 EL Mehl
500 ml Vollmilch
300 ml Gemüsebrühe
8 Eier (Größe M)
1½ EL grober Senf
3–4 EL Dijon-Senf
Pfeffer
Gartenkresse oder Schnittlauch nach Belieben

1. 150 ml Wasser mit 1 Prise Salz und Zucker in einem Topf aufkochen. Senfsaat zugeben, 10 Minuten kochen und in einem Sieb abtropfen lassen.
2. Butter in einem Topf schmelzen. Mehl zugeben und unter Rühren bei mittlerer Hitze aufschäumen lassen. Milch und Gemüsebrühe nach und nach zugeben und zügig mit dem Schneebesen verrühren. Bei milder Hitze 15 Minuten kochen lassen, dabei ab und zu umrühren.
3. Eier in kochendem Wasser 6 Minuten garen. Dann abschrecken und pellen.
4. Die Sauce mit den beiden Senfsorten, Salz, Pfeffer und 1 Prise Zucker würzen. Eier und Senfsaat zur Sauce geben und 2 Minuten bei milder Hitze ziehen lassen. Nach Belieben mit Gartenkresse oder Schnittlauch bestreut servieren. Dazu passen Salzkartoffeln.

CURRY-EIER

Für 4 Portionen | Zeit: 40 Minuten | vegetarisch

Zutaten

1 Zwiebel
1 Knoblauchzehe
20 g Ingwer
1 EL Öl
2 EL Butter
1 EL mittelscharfes Currypulver
1 Prise Kurkuma
2 EL Mehl
500 ml Vollmilch
300 ml Gemüsebrühe
8 Eier (Größe M)
1 EL Dijon-Senf
Salz
Pfeffer
1–2 TL Limettensaft
Zucker
150 g TK-Erbsen
frischer Koriander nach Belieben

1. Zwiebel und Knoblauch fein würfeln. Ingwer schälen und fein würfeln. Öl und Butter in einem Topf erhitzen und Zwiebeln, Knoblauch und Ingwer darin glasig dünsten. Currypulver, Kurkuma und Mehl zugeben und unter Rühren bei mittlerer Hitze aufschäumen lassen. Milch und Gemüsebrühe nach und nach zugeben und zügig mit dem Schneebesen verrühren. Bei milder Hitze 15 Minuten kochen lassen, dabei ab und zu umrühren.
2. Eier in kochendem Wasser 6 Minuten garen. Dann abschrecken und pellen.
3. Die Sauce mit Senf, Salz, Pfeffer, Limettensaft und Zucker würzen. Eier und Erbsen zur Sauce geben und 2 Minuten bei milder Hitze ziehen lassen. Nach Belieben mit frischem Koriander bestreut servieren. Dazu passen Salzkartoffeln.

BROKKOLI-TEMPURA MIT MEERRETTICH-DIP

Für 4 Portionen | Zeit: 25 Minuten plus 30 Minuten Kühlzeit
vegetarisch

Zutaten
170 g Mehl
30 g Speisestärke
½ TL Backpulver
1 Ei (Größe M)
60 g Eiswürfel
500 g wilder Brokkoli
10 g frischer Meerrettich
50 ml Sojasauce
Saft von 1 Zitrone
1 EL geröstetes Sesamöl
2 ½ EL Zucker
1 l neutrales Öl

1 Für den Teig das Mehl in einer Schüssel mit Stärke und Backpulver mischen. 200 ml kaltes Wasser und das Ei zugeben und mit einem Holzlöffel nicht mehr als 20 Sekunden verrühren. Eiswürfel zugeben und 30 Minuten kaltstellen.
2 Brokkoli putzen, waschen und trocken tupfen.
3 Für den Dip den Meerrettich schälen und fein reiben. Sojasauce, Zitronensaft, 4 EL Wasser, Sesamöl und Zucker verrühren. Meerrettich untermischen.
4 Öl in einem Topf auf 170°C erhitzen. Teig nochmals durchrühren. Brokkoli durch den Teig ziehen, abtropfen lassen und portionsweise im heißen Öl 2–3 Minuten goldgelb ausbacken. Auf Küchenpapier abtropfen lassen und mit dem Dip servieren.

ELOTE

Für 2–4 Portionen | Zeit: 30 Minuten | vegetarisch

Zutaten

4 frische Maiskolben
Salz
1 Knoblauchzehe
4 EL Pankobrösel
1 EL Olivenöl
Chiliflocken
Pfeffer
5 Stiele Koriander
1 rote Pfefferschote
80 g fein geriebener Parmesan
4 EL Butter

1. Maiskolben in reichlich kochendem Salzwasser 10 Minuten garen und herausnehmen.
2. Knoblauch durchpressen. Panko in einer Pfanne ohne Fett goldbraun rösten. Dann erst Knoblauch und Öl zugeben, kurz untermischen und aus der Pfanne nehmen. Panko mit Chiliflocken (Menge nach Geschmack), 1 Prise Salz und Pfeffer mischen.
3. Koriander mit den zarten Stielen fein hacken. Pfefferschote nach Belieben entkernen und fein hacken. Koriander und Pfefferschote mit dem Parmesan mischen und in einer Auflaufform verteilen. Butter schmelzen.
4. Maiskolben mit der Hälfte der Butter bestreichen und in einer Grillpfanne rundherum anbraten. Dann mit der restlichen Butter bepinseln und im Parmesan wenden. Mit den Pankobröseln bestreuen und sofort servieren.

BLUMENKOHL-KÄSE-AUFLAUF

Für 4 Portionen | Zeit: 50 Minuten | vegetarisch

Zutaten

1 kleiner Blumenkohl (ca. 1 kg)
Salz
½ Baguette
100 g Gruyère
100 g Cheddar
150 g Gorgonzola
1 EL Butter
150 ml Sahne

1 Backofen auf 180°C (Ober-/Unterhitze) vorheizen. Blumenkohl putzen, in Röschen teilen und in kochendem Salzwasser 3 Minuten garen. Dann abschrecken und abtropfen lassen. Baguette in ca. 5 mm dünne Scheiben schneiden. Gruyère und Cheddar fein reiben, Gorgonzola zerbröseln.

2 Eine Auflaufform mit Butter fetten. Sahne mit 1 Prise Salz in einem kleinen Topf aufkochen. Dann vom Herd nehmen und den Käse mit einem Holzlöffel nach und nach einrühren. Topf wieder auf den Herd stellen und den Käse bei kleinster Hitze schmelzen, bis eine glatte Sauce entstanden ist. Blumenkohl und Baguettescheiben in der Auflaufform verteilen. Mit der Käsesauce begießen und im vorgeheizten Backofen auf der mittleren Schiene 20–25 Minuten backen. Wenn es etwas krosser werden soll, den Backofengrill für die letzten 2–3 Minuten zuschalten.

HUMMUS MIT TOMATEN-SALSA

Für 4 Portionen | Zeit: 25 Minuten plus Koch- und Einweichzeit | vegan

Zutaten

250 g Kichererbsen
2 Bio-Zitronen
1 Knoblauchzehe
250 ml Olivenöl
Salz
1 kleine rote Zwiebel
2 Tomaten
2 Stiele Minze
2 Stiele glatte Petersilie
Pfeffer

1. Kichererbsen in einem Sieb abspülen und über Nacht in reichlich kaltem Wasser einweichen. Danach abgießen und abspülen. Kichererbsen mit der 3-fachen Menge kaltem Wasser in einen Topf geben, aufkochen und bei milder Hitze 60–70 Minuten weich garen (ggf. etwas Wasser zugeben, damit die Kichererbsen beim Kochen bedeckt bleiben).
2. 1 Zitrone heiß abwaschen und 1 TL Schale fein abreiben. Beide Zitronen auspressen. Kichererbsen abgießen und dabei 100 ml Kochwasser auffangen. Kichererbsen, Knoblauch und Zitronensaft mit 50 ml Kochwasser in der Küchenmaschine langsam fein pürieren. Dabei nach und nach 200 ml Öl zugießen, bis ein cremiges, feines Püree entstanden ist. Falls nötig etwas mehr Kochwasser zugeben. Hummus mit Salz abschmecken.
3. Zwiebeln und Tomaten sehr fein würfeln. Minze und Petersilie fein hacken. Alles mit dem restlichen Öl, Zitronenabrieb, Salz und Pfeffer vermengen. Hummus auf einer Servierplatte verteilen und mit der Salsa beträufelt anrichten und servieren.

OFENMÖHREN MIT RAYU-ÖL

Für 4 Portionen | Zeit: 40 Minuten | vegan

Ofenmöhren
10 bunte Möhren
4 EL Olivenöl
Salz
1 Bund Koriander

Rayu-Öl
2 Frühlingszwiebeln
4 Knoblauchzehen
1 TL Rauchpaprikapulver, süß
1 TL Paprikapulver, edelsüß
1 EL Zucker
3 EL Chiliflocken
160 ml Sonnenblumenöl
1 EL Sojasauce
1 EL geröstetes Sesamöl
Salz

1 Backofen auf 220°C (Ober-/Unterhitze) vorheizen. Möhren schälen und längs vierteln oder halbieren. 4 EL Öl in einem Bräter erhitzen. Möhren darin auf dem Herd scharf anbraten, salzen und im vorgeheizten Backofen auf der mittleren Schiene 35 Minuten rösten. Dabei ab und zu wenden.
2 Inzwischen für das Rayu-Öl die Frühlingszwiebeln putzen und waschen. Den weißen und den grünen Teil getrennt in feine Ringe schneiden. Den grünen Teil in kaltes Wasser legen. Knoblauchzehen durchpressen und mit dem weißen Teil der Frühlingszwiebeln, beiden Sorten Paprikapulver, 1 EL Zucker und den Chiliflocken in einen kleinen Topf füllen. Das Sonnenblumenöl in einem anderen Topf auf ca. 150 °C erhitzen und vorsichtig zur Chili-Mischung gießen. Dann verrühren, Sojasauce und Sesamöl zugeben und leicht salzen.
3 Korianderblätter abzupfen. Möhren aus dem Ofen nehmen und auf einer Servierplatte anrichten. Mit dem Rayu-Öl beträufeln und mit den abgetropften Frühlingszwiebeln und Koriander bestreut servieren.

BRATREIS

Für 2 Portionen | Zeit: 25 Minuten | vegetarisch

Zutaten

100 g Mungobohnen-Sprossen
1 Möhre
100 g Lauch
1 Knoblauchzehe
2 Frühlingszwiebeln
2 EL helle Sojasauce
½ TL Zucker
4 Eier (Größe M)
5 EL neutrales Öl
Salz
1 TL geröstetes Sesamöl
300 g gegarter Jasmin- oder Basmatireis
Pfeffer

1. Sprossen waschen und gut abtropfen lassen. Möhre schälen und mit dem Lauch in feine Streifen schneiden. Knoblauch fein hacken. Frühlingszwiebeln in feine Ringe schneiden. Sojasauce und Zucker verrühren. 2 Eier verquirlen.
2. 3 EL Öl in einer beschichteten Pfanne stark erhitzen. Sprossen, Lauch und Möhre darin scharf anbraten, salzen und an den Pfannenrand schieben. Sesamöl und verquirlte Eier zugeben, leicht stocken lassen und mit einem Pfannenwender in kleine Stücke reißen. Reis und Knoblauch zugeben und bei starker Hitze unter ständigem Rühren anrösten. Sojasauce und die Hälfte der Frühlingszwiebeln zugeben und unter Rühren 1 Minute weiterbraten. Mit Salz und Pfeffer würzen und warmhalten. Restliches Öl in einer Pfanne erhitzen und die restlichen Eier darin zu Spiegeleiern braten.
3. Reis mit den Spiegeleiern anrichten und mit den restlichen Frühlingszwiebeln bestreut servieren. Dazu passt das Sambal.

SAMBAL

Für 2 Portionen | Zeit: 25 Minuten

Zutaten

4 Knoblauchzehen
20 g Ingwer
100 g Schalotten
1 rote Chili
2 Pfefferschoten
2 Tomaten
4 EL neutrales Öl
2 EL Fischsauce
Zucker
Salz
Saft von ½ Limette

1. Knoblauch fein würfeln. Ingwer schälen und in Scheiben schneiden. Schalotten würfeln. Chili und Pfefferschoten klein schneiden. Tomaten grob würfeln.
2. Öl in einem Topf erhitzen. Schalotten, Knoblauch, Chili, Pfefferschote und Ingwer darin 5 Minuten bei mittlerer Hitze dünsten. Tomaten, Fischsauce, 1 ½ EL Zucker und ½ TL Salz zugeben und 4–5 Minuten mitdünsten.
3. Das Sambal mit dem Schneidstab mittelfein pürieren. Dann einige Minuten bei milder Hitze unter ständigem Rühren cremig einkochen lassen. Mit Limettensaft, Salz und Zucker abschmecken und abkühlen lassen.

SALZGEBACKENER SELLERIE MIT FELDSALAT UND RAUCHMANDELN

Für 4 Portionen | Zeit: 30 Minuten plus 90 Minuten Backzeit | vegetarisch

Zutaten

250 g Mehl
125 g Salz für den Teig plus etwas mehr zum Würzen
1 Sellerieknolle (ca. 1 kg)
150 g Feldsalat
40 g Rauchmandeln
4 EL Olivenöl
2 EL Nussöl
3 EL Weißweinessig
2 EL Zitronensaft
½ TL Dijon-Senf
Pfeffer
Zucker
6 EL Granatapfelkerne

1. Backofen auf 180°C (Ober-/Unterhitze) vorheizen. Mehl, 125 g Salz und 160 ml Wasser zu einem glatten Teig verkneten und 10 Minuten ruhen lassen. Sellerie gründlich waschen und mit einer Gemüsebürste säubern. Teig auf einer bemehlten Arbeitsfläche auf ca. 30 cm x 30 cm ausrollen. Sellerie in die Mitte setzen und in den Teig einpacken. Mit der Nahtseite nach unten auf ein mit Backpapier belegtes Backblech setzen. Im vorgeheizten Backofen auf der mittleren Schiene 90 Minuten backen.
2. Feldsalat waschen und trockenschleudern Mandeln grob hacken. Öl, Essig, Zitronensaft und Senf verrühren und mit Salz, Pfeffer und 1 Prise Zucker würzen.
3. Sellerie aus dem Ofen nehmen und etwas abkühlen lassen. Den Teig mit einem Messer aufschneiden. Sellerie in Stücke schneiden, mit der Hälfte der Vinaigrette vermengen und auf Tellern anrichten. Salat auf die Teller verteilen, mit der restlichen Vinaigrette beträufeln und mit Mandeln und Granatapfelkernen bestreut servieren.

MISO-BOHNEN

Für 4 Portionen | Zeit: 25 Minuten | vegetarisch

Zutaten
400 g grüne Bohnen
Salz
3 EL helle Misopaste
3 EL Olivenöl
2 EL Honig
2 EL Butter
1 Knoblauchzehe
Pfeffer

1. Bohnen putzen und 6–7 Minuten in kochendem Salzwasser garen. Bohnen abschrecken, in einem Sieb abtropfen lassen und auf Küchenpapier trocken tupfen. Misopaste in 120 ml lauwarmem Wasser auflösen.
2. Öl in einer Pfanne erhitzen und die Bohnen darin bei starker Hitze 2 Minuten unter Rühren braten. Honig zugeben und aufschäumen lassen. Butter zugeben und schmelzen. Knoblauch dazu pressen und kurz mitbraten. Dann die Miso-Mischung zugeben und unter Rühren 2–3 Minuten cremig einkochen lassen. Mit Salz und Pfeffer würzen und sofort servieren.

① FEINE PASSIERTE TOMATENSAUCE

Für 4 Portionen | Zeit: 1 Stunde 15 Minuten | vegan

Zutaten

1 kleine Knoblauchzehe
1 Zwiebel
2 EL Olivenöl
2 EL Tomatenmark
800 ml Tomaten-Passata
1 Lorbeerblatt
Salz
1 Prise Zimt
2 TL Oregano
Zucker

1 Knoblauch und Zwiebel fein würfeln. Öl in einem Topf erhitzen. Knoblauch und Zwiebeln darin glasig dünsten. Tomatenmark zugeben und 1–2 Minuten anrösten. Passata und Lorbeer zugeben und mit Salz, Zimt, Oregano und 1 Prise Zucker würzen.

2 Die Sauce kurz aufkochen und bei kleinster Hitze 60 Minuten offen köcheln lassen. Dann durch ein feines Sieb streichen. Die Sauce sofort mit Pasta und etwas Nudelwasser mischen oder heiß in Gläser abgefüllt und mit Olivenöl bedeckt im Kühlschrank aufbewahren.

Passt warm oder kalt zu Pasta, Fleisch und Fisch.

② OFENTOMATEN-KOMPOTT

Für 4 Portionen | Zeit: 1 Stunde 30 Minuten | vegan

Zutaten

1 kg Tomaten
4 EL brauner Zucker
Salz
4 Zweige Thymian
2 Knoblauchzehen
3 EL Olivenöl
Pfeffer
½ TL getrockneter Oregano
1 TL Balsamessig

1 Backofen auf 240°C (Ober-/Unterhitze) vorheizen. Stielansätze der Tomaten herausschneiden. Ein tiefes Backblech mit Zucker und ½ TL Salz bestreuen. Tomaten halbieren und mit den Schnittflächen auf das Blech setzen. Im vorgeheizten Backofen auf der zweiten Schiene von oben 15–20 Minuten rösten, bis die Haut der Tomaten beginnt schwarz zu werden. Das Blech herausnehmen und die Temperatur auf 140 °C reduzieren.

2 Die Tomatenhäute abziehen und das Fruchtfleisch auf dem Blech mit einer Gabel fein zerdrücken. Thymianblättchen abzupfen, mit dem Knoblauch fein hacken und untermischen. Olivenöl zugeben und mit Salz, Pfeffer und Oregano würzen. Das Blech wieder in den Ofen schieben und 60 Minuten garen.

3 Die Sauce mit Balsamessig würzen, sofort mit Pasta und etwas Nudelwasser mischen oder mit Olivenöl bedeckt in Gläser abgefüllt im Kühlschrank aufbewahren.

Passt warm oder kalt zu Pasta, Fleisch und Fisch.

③ TOMATEN-PESTO

Für 4 Portionen | Zeit: 20 Minuten | vegetarisch

Zutaten

100 g getrocknete Tomaten in Öl
4 Stiele glatte Petersilie
30 g Cashewkerne
2 Knoblauchzehen
1 TL Zucker
8 EL Olivenöl
3 EL geriebener Parmesan
Salz
Pfeffer
1 Spritzer Zitrone

1 Tomaten abtropfen lassen (das Öl anderweitig verwenden) und in einem Topf knapp mit Wasser bedeckt aufkochen. Vom Herd nehmen und abkühlen lassen.

2 Petersilienblätter abzupfen, grob hacken und mit 3 EL Tomatenkochwasser, Cashewkernen, Knoblauch, Zucker, 4 EL Öl und den abgetropften Tomaten in der Küchenmaschine mittelfein pürieren. Restliches Öl und Parmesan untermischen und mit Salz, Pfeffer und Zitronensaft würzen. Pesto in eine Schraubglas mit einem Fingerbreit Öl bedeckt im Kühlschrank lagern.

Schmeckt zu Pasta, Kartoffeln oder auch als Aufstrich.

KULINARISCHE ALLTAGS-BEOBACHTUNGEN

Thees Uhlmann

Thees ist Musiker, Vater, Genießer des Lebens, rasiermesserscharfer Beobachter des Alltags und dabei ein bisschen verrückt. Ich liebe seine Fähigkeiten, die kleinen Dinge des Alltags zum Leben zu erwecken, so dass ich mich immer wieder selber in seinen Bonmots wiederfinde. Genießen Sie die Texte als Amuse-Bouche, Petit Fours oder als Zugabe danach. Lesen Sie die Texte ruhig laut – Sie werden sehen, es ergibt alles einen Sinn.

MÄLZER

Im Sommer 2006 fand die Fußballweltmeisterschaft in Deutschland statt. Ich wohnte damals noch auf St. Pauli, auf der Reeperbahn nachts um halb 1 ... äh, auf der Reeperbahn 127.

Der Pastor von St. Pauli, Sieghard Wilm, lud Menschen aus dem öffentlichen Leben und Kunst und Kultur ein, eine Patenschaft für die Reihe »Fußballweltmeisterschaft für Kinder und Jugendliche auf St. Pauli« zu übernehmen. Also im Endeffekt ohne Bier, ohne Kommerz, ohne die ruppigen Seiten von großen Fußballveranstaltungen. Da lernte ich Tim Mälzer kennen. Der machte da auch mit.

Tim Mälzer war damals schon einer der berühmtesten 25 Deutschen und blödelte dort in der Kirche mit den Kindern rum, als wäre er ihr großer Cousin. Das weiß ich noch, weil ich da dachte »Mann, ist der nett. Der ist ja so, wie man sich das vorstellt.« und weil wir danach Freunde wurden.

»Mann, ist der nett. Der ist ja so, wie man sich das vorstellt.«

Jahre später saß ich einmal in seinem Restaurant, der Bullerei. Wahrscheinlich wieder unglücklich verliebt und wahrscheinlich, weil die Leute, die da arbeiten, so unprätentiös freundlich und warmherzig aufmerksam sind, dass man sich gar nicht mehr so unglücklich verliebt vorkommt, sondern akzeptiert und willkommen.

Sowas muss man erstmal schaffen.

Ich sitze in der Bullerei und beobachte ein Paar, das wahrscheinlich aus einem der 140 Musicals kommt, die in Hamburg rund um die Uhr aufgeführt werden. Sie sitzen in der Bullerei und haben sich nichts zu sagen. Das ist nicht schlimm. Was soll man denn auch die ganze Zeit reden? Sie kommen mir ähnlich unbeholfen vor wie ich und schauen sich die Kunst an, die in der Bullerei hängt, steht und leuchtet.

Sie sehen so aus, als ob etwas passiert ist, über das sie nicht reden möchten. Sie trinkt einen Rotwein und er trinkt ein Bier. Er isst ein Steak und sie isst einen Fisch. Wir könnten da jetzt hinfahren und ich könnte Ihnen den Tisch zeigen, an dem das passiert ist.

Tim kommt von hinten rechts an, begrüßt ein paar Menschen und Stammgäste, geht am Tisch des Paares vorbei, bleibt stehen, legt dem Mann eine Hand auf die Schulter, lächelt die Frau an und erkundigt sich, ob alles in Ordnung sei und geht weiter.

Und dann haben die beiden gelächelt. Sie haben einfach ganz froh und freudig gelächelt. Weil sie einen tollen Abend haben, weil sie morgen zu Hause etwas zu erzählen haben, weil viele Sachen eben schief gehen im Leben, aber nicht heute Abend, nicht hier. Hier ist es heute einfach so, wie man es sich vorgestellt hat, weil Tim eben auch einfach genau so ist, wie man sich das vorstellt. Das muss man erstmal schaffen.

Hier ist es heute einfach so, wie man es sich vorgestellt hat, weil Tim eben auch einfach genau so ist, wie man sich das vorstellt.

FRÜHSTÜCK

Eine der ersten Erinnerungen meines Lebens ist, wie ich mit meinem Vater am Wochenende in einem Opel Rekord zum anderen Ende Hemmoors gefahren bin, weil dort die Brötchen am besten waren. Also innerorts sechs Kilometer. Das ist schon mal eine gute Strecke für ein Frühstücksbrötchen.

Natürlich weiß ich noch, dass der Bäcker »Schars« hieß. Daneben war ein Kaufhaus, das »Dottke« hieß, ein Laden, in dem es wirklich alles gab. Von Kittelschürzen bis zu Fahrrädern, und ich denke gerade zum ersten Mal seit 30 Jahren an diesen Laden und erinnere mich, dass es da nach einer Mischung aus Schrauben und Süßigkeiten roch.

Danach fuhren wir tanken und ich stand immer ganz nah am Tank, weil das so gut riecht. Und dann kamen wir wieder zu Hause an und der Tisch war schon gedeckt. Und man kann beim Frühstück ja wirklich viele verschiedene Sachen machen, aber eine Sache ist klar: Die Unterseite des ersten Brötchens darf nur mit Butter gegessen werden. Etwas anderes zu behaupten wäre eine Lüge, vielleicht sogar ein Frevel. Wer sowas macht, trinkt auch Red Bull zum Einschlafen

und erschreckt kleine Kinder im Park.
Mein Vater war besessen davon, das Brötchen mit einer »Säge«, wie er es nannte, aufzuschneiden. Er meinte damit den klaren, sauberen Schnitt mit einem Brotmesser, aber ich wollte das Brötchen immer mit einem stumpfen, normalen Messer aufschneiden. Es würde mich wirklich interessieren, wie viele Menschen, die das hier gerade lesen, jetzt schon wissen warum. Diese kleinen Dinge, die uns irgendwie verbinden. So im Grönemeyerschen Sinne »Der Mensch heißt Mensch«, weil er aus irgendeinem Grund dieselben Dinge tut.

Und im Radio lief »Zwischen Hamburg und Haiti« und es gab zum Frühstück nie Käse oder Wurst, sondern immer nur Marmelade, die meine Mutter selber einmachte.

Ich schneide die Brötchen bis heute mit einem normalen Messer auf, weil nur so in der Mitte des Brötchens eine Brötchenteigflockenglocke bleibt, die ich mit Butter bestreiche und als allererstes esse.
Und im Radio lief »Zwischen Hamburg und Haiti« und es gab zum Frühstück nie Käse oder Wurst, sondern immer nur Marmelade, die meine Mutter selber einmachte.
Meine Mutter hat in ihrem ganzen Leben noch nie ein Glas Marmelade gekauft. Ich habe in meinem ganzen Leben noch nie ein Glas Marmelade gekauft, weil, egal wie vollgepackt mit Gitarren, Verstärkern, Kleidung einer fertig absolvierten zweiwöchigen Tour ich in Hemmoor wieder in Richtung Berlin starte, mir meine Mutter trotz meiner flehenden Wut unbemerkt immer noch ein Glas Sau-Ki (Sauerkirsch-Marmelade), Jo-Gel (Johannisbeer-Gelee), EB (Erdbeer-Marmelade) oder Qui (Quitten-Marmelade) irgendwo zwischen die Unterhosen und die Gitarrensaiten schiebt.
Okay, die Geschichte ist zu gut, um sie nicht zu erzählen.
Niemand in Europa verarbeitet privat mehr Quitten als meine Mutter. Sie macht daraus Quittenbrot, eine Zucker-Quittenmelasse, die heiß auf Backpapier ausgegossen wird und dann langsam hart wird. Darauf wird in großen Massen Hagelzucker gestreut.
Mein Bruder und ich aßen zwar kein Quittenbrot – weil wir irgendwie zu klein waren, um eine Frucht zu essen, die Quitte heißt –, aber den Hagelzucker pulten wir immer mit großer Begeisterung runter, was meine Mutter zwar zur Weißglut brachte, die wir aber wegen der Abwesenheit anderer Süßigkeiten in Kauf nahmen. »WER WAR SCHON WIEDER AM HAGELZUCKER?«
Dann machte sie daraus natürlich Quitten-Marmelade und inzwischen ist das fast meine Lieblingsmarmelade, weil sie nicht so süß ist wie andere Marmelade und ich, je älter ich werde, Süßes immer weniger mag. Danke Gott, jetzt wo ich dürfte und es mir leisten kann, mag ich keine Süßigkeiten mehr.
Und dann macht sie noch Quittensaft.
Ich hing eines Abends bei Mälzer rum und wir redeten uns so durch die Gegend wegen früher und der Zukunft und irgendwie kamen wir drauf, dass meine Mutter da immer in Quitten macht.
Und er so: »Quitte? Kein Koch macht was mit Quitten. Viel zu aufwendig. Viel zu unergiebig und hat ein schlechtes Image. Die Steckrübe der Früchte quasi!«
Und ich so: »Das ist ein guter Songtitel, Tim!«
Und er so: »Ich bin gut, ne?«

»Quitte! Der Blödmann der Früchte!«

Und jeder, der Mälzers Ausdrucksweise kennt, weiß, dass er nicht »Blödmann« gesagt hat.

Und ich so: »Ich weiß!«
Ich telefoniere ca. 4-mal in der Woche mit meiner Mutter und beim nächsten Mal meinte ich, dass Tim (meine Mutter und ich duzen ihn!) ganz beeindruckt war, dass sie so viel mit Quitten macht. Da hat sie sich gefreut, wenn solche Leute sie loben.
Ein paar Monate später gab ich ein kleines Konzert in der Bullerei und lud meine Mutter ein. Und Sie ahnen es, sie brachte eine Flasche Quittensaft mit, überreichte sie Tim Mälzer und er (und ich mein, man kann ja nun wirklich sehen, wenn er sich freut), er nahm die Flasche mit seinem schönen Lächeln in die Hände und sagte zu meiner Mutter: »Quitte! Der Blödmann der Früchte! Ist das schön, dass Sie damit noch was machen. Damit werde ich in der Küche was probieren.« Und jeder, der Mälzers Ausdrucksweise ein wenig kennt, weiß, dass er nicht »Blödmann« gesagt hat.

Meine Mutter schaute etwas entrückt wegen Mälzers Wortwahl, aber sagte dann: »Da hab ich noch viel mehr von!« Diese Geschichte ist eine der schönsten 10 Uhlmann-Geschichten der letzten 10 Jahre und endlich konnte ich sie erzählen.

Ich gehe nicht brunchen, weil ich keine Sachen mag, die irgendwie edel und besonders rüberkommen sollen. Das letzte Mal, dass ich brunchen war, trank ich einfach 2 Flaschen Champagner. War auch umsonst.

Auch wenn ich Übernachtungsgäste habe, sind manche erstaunt, dass ich ein toller Gastgeber bin, aber eben nur bis 5 Uhr morgens und ab 16 Uhr nachmittags. Dazwischen ist Selbstversorgung angesagt.

Nur eine Sache mache ich wahnsinnig gerne. Ich mache gerne Porridge für meine Tochter.

Wenn man vor dem Beginn des Tages Porridge isst, fühlt man sich, als könnte man in Liverpool alleine ein ganzes Schiff zusammenschweißen.

Hier das Rezept für zwei Personen, die eigentlich nicht so gerne frühstücken:

Man nehme eine Tasse Milch, egal ob von der Kuh oder vom Baum. In die Milch dreht man zweimal die Salzmühle mit dem guten Salz. Glauben sie mir. Dann 4-5-mal Zimt da reinstreuen und umrühren. Die Milch lässt man so heiß werden, dass sie gerade eben nicht kocht. Dann sofort Temperatur runter und ein bisschen weniger Haferflocken reintun, als man denkt. Die quellen noch ordentlich nach.

Dann kann man da noch alles reinmachen, was man will. Zum Beispiel ein Smiley-Gesicht aus Himbeeren, obwohl meine Tochter schon 16 ist. Aber vielleicht mache ich das nur für mich. Ist aber auch egal. Guten Morgen erstmal!

PASTA

Ich war neulich auf Mallorca und habe Freund C. und Freundin J. besucht. Sie sind super und verheiratet. Das ist toll.

Da fällt mir ein. Die sind zu zweit und die machen noch einen Sonntagsbraten. Die rufen mich am Sonntag an und fragen nach, was ich mache und sagen: »Wir haben ein halbes Wildschwein in einem Römertopf seit vorgestern am Kochen! Komm doch vorbei!« Und dann kann ich nur sagen: »Sitze gerade in einer Kneipe und schaue Zweitligafußball!« Das ist schade, aber so ist das eben.

»Wie wäre es denn mit Nudeln mit Tomatensauce?«, sagte ich und die beiden, Kulinariker, die sie beide sind, schauten mich und sich entgeistert an.

Ich besuchte die beiden also auf Mallorca und sie haben sich eine tolle Finca gebaut. Es gibt 50 Möglichkeiten, dass das nicht gut klappt, aber bei denen hat das so wunderschön geklappt, dass ich ganz stolz bin auf die beiden. Das Haus fügt sich wunderbar in die Landschaft ein, als würde es da schon seit 30 Jahren stehen und sie sind gut befreundet mit den mallorquinischen Nachbarn.

Es war der letzte Tag und ich war reichlich gestresst wegen der Abreise, weil mich alles überfordert, was die Strecke Cuxhaven - Hannover überschreitet.

»In welches Restaurant möchtest du heute Abend gehen, Thees?«, fragten sie mich und ich sagte, dass ich gestresst bin und dass ich ihre Finca so liebe und ob wir nicht einfach zu Hause bleiben könnten und einfach etwas zusammen kochen könnten.

»Das können wir auch machen!« sagten sie, »Was denn?« »Wie wäre es denn mit Nudeln mit Tomatensauce?«, sagte ich und die beiden, Kulinariker, die sie beide sind, schauten mich und sich entgeistert an, als hätte ich »Uran mit Urin« gesagt und Freund Christoph. sagte: »Thees, sowas essen wir nicht!«

Das ist ja wohl das geilste Zitat der ganzen Welt. Die meinten das nicht böse oder abwertend, sondern die meinten, dass sie gerne schöner für sich kochen. Das finde ich toll. Wertschätzend dem anderen gegenüber.

Es gab dann Moules et frites, was ich bis dato noch nicht gegessen hatte, und es war super.

Wissen Sie, wer auch keine Nudeln gegessen hat? Meine Oma aus Blankenese. Einfach so. Das war für sie zu exotisch.

Es hat also nur drei Generationen gedauert von »Ist mir zu exotisch!« bis zu »Vapiano« am Hauptbahnhof. Das ist doch bizarr! Allerdings hat es auch nur drei Generationen gedauert vom Volksempfänger bis zur WhatsApp-Gruppe.

Die Überschrift des Kapitels heißt »Pasta«. Meiner Meinung nach fängt da das Problem schon an. Ich nenne es Nudeln. »Nudeln« benutzte meine Oma übrigens als Verb, wenn sie mit der Wählscheibe ihres Telefons Leute anrief. Ich durfte manchmal ihre Freundinnen anrufen und dann sagte sie immer: »Erst nudelst du die acht, dann nudelst du die zwei, dann die vier und dann nudelst du nochmal die neun!«

»Nudeln« benutzte meine Oma übrigens als Verb, wenn sie mit der Wählscheibe ihres Telefons Leute anrief.

Toll, an was man sich alles erinnert, wenn man mal für Tim Mälzers Kochbuch schreiben darf.

Natürlich sind Nudeln das größte Essen auf der ganzen Welt. Weiß jeder, sagt jeder.

Und wir sprechen hier nicht von selbstgenudelter Pasta und einem Tomatensugo, der aus 500 Tomaten und 7 Litern Rotwein und der Haut von 28 Auberginen über drei Tage um das Zehnfache eingekocht wurde. Wir nehmen Spaghetti, haben einen Ohrwurm von »Denk an Nudeln, nimm drei Glocken!«, kochen die Spaghetti bis eine Minute bevor der Wecker klingelt. Reißen diesen 250 ml Tomaten-Quader auf, schütten das in einen großen Topf, 2 Prisen Salz, ganz wichtig, eine Prise Zucker dazu und erhitzen. Die fast fertigen Nudeln da dann reinschmeißen und nochmal auf acht erhitzen, dass das blubbert. Und dann darüber Käse reiben. Aus irgendeinem Grund empfehle ich hier dann Emmentaler.

Das war's! Wenn Sie wissen möchten, wie meine Kindheit schmeckt, so schmeckt sie. Wenn Sie wissen wollen, wie sich meine Jugend anfühlte, drücken Sie sich eine 9V-Block-Batterie auf die Zunge.

Natürlich weiß ich, dass es Pasta-Gerichte gibt, die noch viel, viel besser schmecken als dieses. Aber ich weiß eben auch, dass dieses kleine, simple Gericht in sich absurd super schmeckt – und dass jedem Menschen auf der ganzen Welt.

Außer Jenny und Christoph.

DER ITALIENER UM DIE ECKE

Der Italiener um die Ecke ist bei mir ein Chinese.

Alle zwei Wochen fuhr die Uhlmann-Familie in den 80ern von Hemmoor nach Hamburg, um dort meine Omas zu besuchen. Meine Oma väterlicherseits wohnte mit meinem Opa im Alten Weg in Hamburg-Stellingen.

Mein Opa spielte auf einer kleinen Gitarre – die ich immer noch habe und die eine der drei Sachen ist, die ich aus meiner brennenden Wohnung retten würde – Seemannslieder und sang dazu. Ich bin fest davon überzeugt, dass das der wahre Grund ist, warum ich heute noch Gitarre spiele und Lieder singe. Nur vor mehr Leuten.

Wunderschöne Momente waren das.

Mein Bruder und ich bekamen immer eine lila Tafel Schokolade geschenkt, ich Vollmilch und er Haselnuss. Schön, an was man sich alles erinnern kann. Und wenn der Besuch zu Ende war und mein Vater die

Spendierhosen anhatte, gingen wir den Alten Weg bis zum Ende und da war ein chinesisches Restaurant und sowas war neu damals. Um uns die Zeit zu vertreiben, bauten mein Bruder und ich gerne Kartenhäuser aus Bierdeckeln. Wenn es sowas im Fernsehen auf Sport1 geben würde, ich würde es mir anschauen! Und einmal, ich weiß es wirklich noch genau, war unser Kartenhaus-Turm fertig, weil es nicht mehr Bierdeckel im Bierdeckelständer gab, und da kam der Chef des chinesischen Restaurants an unseren Tisch und gab uns eine ganz frische, versiegelte Packung mit 100 brandneuen Bierdeckeln, damit wir ein größeres Kartenhaus bauen konnten.

Erinnern Sie sich an die großen Wärmeplatten mit den schwarz gummierten Griffen, die auf den Tisch gestellt wurden, bevor das Essen kam?

Selten war ich glücklicher in meinem Leben. Das war eines der schönsten Geschenke meines ganzen Lebens, weil man damals als Kind überhaupt nicht erahnen konnte, dass es einfach 100 neue, versiegelte Bierdeckel geben könnte im Universum.

Bestimmt gab es mehr Gerichte in dem Restaurant, aber für mich gab es nur drei:

1.) Rindfleisch mit Cashewnüssen. Ich mein, ein Essen, das mit einem Snack serviert wird. Das kann ja nur genial sein.

2.) Schweinefleisch Süß-Sauer. Ich mein, ein Essen, in dem Fleisch ist, das aber trotzdem süß ist. Das kann ja nur genial sein.

3.) Fastenspeise der Buddhisten. Manchmal überzeugen Gerichte einfach durch ihren Namen.

Ich war damals großer Bruce Lee-Fan und mein Bruder und ich führten zur Belustigung unserer Eltern manchmal wild choreografierte Kung-Fu-Kämpfe auf, die immer darin endeten, dass mein Bruder auf meinem Brustkorb saß und mich durchkitzelte, bis ich Tränen gelacht habe, aber gleichzeitig auch richtig wütend war und ich war überzeugt, dass Leute wie Bruce Lee so stark wurden, weil sie immer ... die Fastenspeise der Buddhisten aßen.

Ein kurzer Stupser für Ihr Gehirn. Erinnern Sie sich noch an die großen Wärmeplatten mit den schwarz gummierten Griffen an der Seite, die auf den Tisch gestellt wurden, bevor das Essen kam? Und man wollte nur ganz kurz die Finger darauf legen um zu schauen, wie heiß sie waren. »Hör auf damit, Thees!« »Nur noch einmal!«

Es waren riesige Portionen, die kein Mensch schaffen konnte, aber mein Bruder hatte damals einen unlimitierten Zugang zu seinem Magen und so aß er immer noch die Portionen von mir und meiner Mutter auf und dann noch allen Reis, der in kleinen Schüsseln zum Essen gereicht wurde.

Dann fuhren wir nach Hause, hinter dem Elbtunnel leuchteten die Lampen über der Autobahn gelblich im Hamburger Nebel und satt und glücklich lag ich im Schoß meiner Mutter, weil mein Bruder schon vorne sitzen durfte, und sie streichelte mir die Haare und ich schlief ein.

LIEBLINGSESSEN

Es gibt ein Essen, das mein Lieblingsessen ist und das kein anderer Mensch auf der Welt kennt oder isst Dieses Gericht ist für mich absolut normal, aber alle anderen Menschen haben den Mund offen, nicht weil sie probieren wollen, sondern weil sie es nicht glauben können.

Und das kam so: Die tolle Rap-Gruppe Antilopen Gang, deren einer Rapper namens Danger Dan Sie bestimmt kennen, hat eine Radiosendung die »Feindsender Fiasko« heißt. Wir führten ein tolles, intensives Gespräch über Kunstmachen, Freundschaft, Älterwerden und den Zustand der Welt. Und wie aus dem Nichts fragte mich einer der Antilopen Gang, als allerletzte Frage: »Thees, was ist eigentlich dein Lieblingsessen?«

Panik Panzer fand seine Worte wieder und er sagte: »Ekelbanane!«

Da gibt es für mich nur eine Antwort und die geht so: Man nehme eine mittelreife Banane und wickle die in eine Scheibe mittelalten Gouda ein. Diese wiederum wird dann in eine Scheibe gekochten Schinken eingewickelt und in Semmelbröseln gewendet, die gut am Schinken kleben bleiben, und das Ganze wird dann in einer Pfanne in Butterschmalz ausgebacken. Für mich ist das ein ganz normales Familiengericht, das gerne am Samstagnachmittag nach der Schule serviert wurde. Ich hatte es hunderte Male gegessen, aber jetzt starrte ich in die völlig ungläubigen Gesichter der Antilopen Gang, die nicht glauben konnten, was ich gerade gesagt hatte, und nur der Rapper Panik Panzer fand seine Worte wieder und er sagte: »Ekelbanane!«

Sie müssen das nicht nachkochen, aber ich empfehle es Ihnen, obwohl ich weiß, dass sich die Zutaten mehr als seltsam anhören. Oder Sie forschen in Ihrer Familie nach, welche kulinarischen Skurrilitäten Sie ohne nachzudenken lieben.

Was ich aber eben einfach wunderschön finde, dass meine Mutter wahrscheinlich aus Zeitdruck und fehlenden Zutaten einfach ein Gericht erfunden hat, das es vorher nicht gab.

Und wenn ich jetzt meine Mutter anrufe und ihr sage, dass ich einen Tag Zeit habe zwischen den Auftritten und sie besuchen komme, sagt sie ab und zu ins Telefon: »Oh, Thees, da freue ich mich. Da mach ich uns schön Ekelbanane!«

Und die Antilopen Gang kennt sie jetzt nämlich auch. Mit 83. Das ist doch einfach wunderschön.

KARTOFFELN

Es gibt in Düsseldorf einen Kartoffelladen, der verkauft über 80 verschiedene Sorten von Kartoffeln. »Das Kartoffelhaus am Carlsplatz« heißt der Laden. Soviel Werbung ist erlaubt. Sowas finde ich super. Ich liebe es, wenn Leute akribisch eine seltsame Sache verfolgen. Ich habe zum Beispiel einen Freund, der heißt Yeahman und handelt mit Gitarren, und die teuerste Gitarre, die er mal vermittelt hat, kostete 240.000 Euro. Das ist doch irre, finde ich aber genauso gut. Der Kartoffelladen hat noch nicht mal eine Homepage. Ich wollte mal ein Mädchen küssen, die liebte Kartoffeln. Ich wollte ihr da ein tolles Kartoffelpaket im Internet zusammenstellen, dann dazu noch zwei, drei Gedichte von mir und dann hätte sie mich vielleicht auch geküsst, aber ging eben nicht. Egal. Aber wenn ich das nächste mal in Düsseldorf bin, dann gehe ich dahin und lasse mich mal so richtig durchkartoffeln. Ich könnte stundenlang Kartoffeln schälen. Ich liebe gleichförmige Arbeiten, bei denen man nicht denken muss. Es entspannt mich. Und natürlich immer versuchen die Kartoffel so zu schälen, dass die Schale eine lange Spirale ist.

Wie ich das hasse, wenn ich so Kartoffelpüree-Tüten aufschneide und sich dann das Pulver in der Küche verteilt und staubt.

Oma stampft nicht mehr. Die Älteren mögen sich erinnern, aber der Uhlmann, der stampft noch. Wie ich das hasse, wenn ich so Kartoffelpüree-Tüten aufschneide und sich dann das Pulver in der Küche verteilt und staubt. Und wenn beim Wäscheaufhängen Socken auf den Boden fallen, das hasse ich auch, und wenn ich nervös bin und nicht weiß warum. Was hassen Sie? Also ich stampfe, und zwar so: 4 Teile Kartofffeln, 2 Teile Butter, 1 Teil Sahne. Geht auch alles vegan. Ist echt fast egal. Dann noch Muskatnuss da rein reiben bis man denkt: »Ist das nicht ein wenig viel?« Und dann nochmal weiter reiben für ca. 1–2 Stunden. Ich schwör!

Am Hermannplatz in Berlin gibt es entweder einen Reibekuchenstand oder eine Kartoffelpufferbude. Das ist natürlich derselbe Laden, die wären ja verrückt, wenn die zwei Geschäfte nebeneinander aufmachen. Aber ich weiß ja gar nicht, wie man das bei Ihnen nennt, wo Sie herkommen. Unter kulinarischen, sozialen und olfaktorischen Gesichtspunkten ist der Hermannplatz unter allen Umständen zu meiden, aber, ich flehe Sie an, wenn Sie das nächste mal in Berlin sind, gehen Sie dahin. Da wird noch ein Kartoffelpuffer ausgebacken, dass einem die Tränen in die Augen kriechen. Man braucht nach dem Genuss der Kartoffelpuffer zwar drei Tage nichts mehr zu essen, weil es so sättigt, und man muss noch 5-6 Stunden aufstoßen, aber irgendwie ist ja Aufstoßen wie eine Geschmackserinnerung aus dem Bauch. »Schau, was du vorhin gegessen hast!« Man muss es auch mal positiv sehen.

SONNTAGSBRATEN

Es gibt sie noch, die schlechten Nachrichten. Neulich sind die Firmen »Weck« und »Römertopf« innerhalb einer Woche liquidiert worden.

Vermutlich ist es Zeit, mit diesen Sachen der letzten fünf Dekaden des letzten Jahrhunderts abzuschließen. Aber wenn dem so ist, warum können wir uns noch so gut daran daran erinnern, wie es sich damals anfühlte und wie es roch und schmeckte? Wie es in der Küche dampfte und die Scheiben in der Küche beschlugen und mein Vater immer sagen musste: »Mutti, lass die Küchentür zu. Wir können dich nicht arbeiten sehen! Hehe!«

Und die Kinder lachten mit, obwohl sie den Witz gar nicht verstanden. Von der verlorenen Kunst, einen Sonntagsbraten zu machen. Schaltet man heute den Fernseher an, ist das gar kein Fernseher mehr, son-

dern ein Smart-TV, auf dem man dann bei Streamingdiensten schaut, was man glotzen könnte.

Das ist dann meistens schon das Highlight der ganzen Sache, weil man sich nicht einigen kann, was man denn schauen soll.

Und wenn man mal alleine vor der Glotze sitzt, landet man über kurz oder lang bei einer Sendung, in der zwölf verschiedene Amerikaner um die Wette barbecuen, schmoren, grillen, smoken, beefen, rubben und das mit steigender Begeisterung, und im Endeffekt machen sie nichts anderes ... als einen Sonntagsbraten. Amerikaner würden mich für diese Aussage steinigen, aber die sind gerade nicht hier und es kann ja auch keiner von denen lesen, was ich hier schreibe,

Wir gingen jeden Freitag zum Schlachter und da war dann eine Schlange, weil so viele Leute etwas kaufen wollten zum Wochenende und es noch keine Discounter gab.

und deswegen behaupte ich das einfach mal.

Die Auseinandersetzung mit einem Stück Fleisch über einen langen Zeitraum, bei dem man eigentlich gar nichts machen muss. Die Firma Eduard Bay, die den Römertopf erfand, bewarb ihn mit dem Slogan »Garzeit ist Freizeit«. Da muss man erstmal drauf kommen. Eigentlich esse ich überhaupt kein Fleisch mehr. Oder anders gesagt: Es ist mir vollkommen egal, was ich esse. Wenn ich die »Schnitzelkönigin« von Baden-Württemberg daten würde und die mich nach meinem Lieblingsessen fragen würde, würde ich sagen, nur um gut anzukommen: »Cordon Bleu von einem seltenen Tier«.

Beim Cordon Bleu wird ja ein Schnitzel mit dem Schmetterlingsschnitt aufgefächert und dann wird noch eine Scheibe Schinken mit Käse hineingelegt. Sicherlich eine schmackhafte Idee, aber wenn mein Vater etwas aß, für das zwei verschiedene Tier sterben mussten, sagte er immer: »Oh! Doppelmord!« und aß genüsslich weiter.

Und wenn ich die Geschäftsführerin von PETA daten würde, würde ich sagen: »Linsen in Tofusugo!« Es ist mir egal. Hauptsache mein Gegenüber fühlt sich wohl. Okay, dann also doch Sonntagsbraten. Sowas macht keiner mehr. Ich kann mich nicht erinnern, dass irgendjemand in den letzten zehn Jahren zu mir gesagt hätte: »Tut mir leid, ich kann nicht am Sonntagnachmittag mit dir in eine Kneipe gehen um Zweitligafußball zu schauen, denn wir machen unseren traditionellen Sonntagsbraten!«

Aber früher war das so: Es gab jeden Sonntag einen Braten. Wir gingen jeden Freitag zum Schlachter und da war dann eine Schlange, weil so viele Leute etwas kaufen wollten zum Wochenende und es noch keine Discounter gab.

Heute gibt es in dem Ort, wo ich herkomme, fünf Discounter und ein Schnitzel ist billiger als ein Apfel.

Rinderbraten – dunkle Sauce! Schweinebraten – braune Sauce! Sie lesen ja selber, dass das eigentlich

Unsinn ist mit »dunkel« und »braun«, aber ich wette, dass sich jeder gerade die Farben der Uhlmannschen Sonntagsbraten-Saucen vorstellen kann. Sowas nennt man Universalismus, glaube ich.
Meine Mutter kann echt gut kochen, aber ich glaube, sie stellte das irgendwann einfach ein, weil wir nicht nett genug waren. Oder es reicht auch einfach, wenn man 16 Jahre lang 365-mal im Jahr gekocht hat. Aber bis dahin gab es am Sonntag einen Braten, der aber schon am Samstag vorgegart wurde.
Und ganz selten gab es das Schönste, was ich mir damals kulinarisch vorstellen konnte. Das durfte nur mit Schweinebraten gemacht werden. Ich weiß nicht warum, vermutlich, weil er billiger war als Rinderbraten, aber ganz selten am Samstag war der Braten gegen 18 Uhr fertig und dann schnitt meine Mutter schon für uns Uhlmanns vier dicke Scheiben ab, schnitt dazu vier dicke Scheiben Weißbrot ab, die wir in unserer Familie immer nur »Bemme« nannten – Huch, das ist ja Sächsisch! – und dann tränkte sie das Weißbrot mit der Bratensauce und darauf kam dann die dicke Scheibe vom Braten und darauf auch nochmal Sauce und dann aßen wir das und es schmeckte so gut, dass keiner was sagte. Ich assoziiere dieses Essen mit einem absoluten familiären Frieden.
Denken Sie doch auch mal darüber nach, mit welchen Gerichten Sie verschiedene schöne Gefühle verbinden. »Freibadpommes!« sagen kann jetzt jeder. Viel tiefer müssen Sie da forschen. Eine gute Reise wünsche ich Ihnen.

KINDER

So, wir entspannen uns jetzt alle mal und ich ziehe blank. Normalerweise entspannen sich die Leute dann allerdings nicht, wenn ich blank ziehe. Sie verstehen.
Mein Gott, was sollen die Kinder denn

noch alles machen. Die Kids verbringen mehr Zeit in der Schule als eine Audi-Arbeiterin am Fließband. Dann noch Geigenunterricht und Schach-AG. Dann noch dieser »Was soll aus dir werden?«-Quatsch und dieser »Die Welt geht unter!«-Zeitgeist. Und dabei bitte noch auf die Ernährung achten und Essen als sozialen Akt verstehen, der die Kommunikationsfähigkeit trainiert.
»Mein Kind lebt vegan!« »Dein Kind hat doch noch eine Windel an!«
Wir entspannen uns jetzt alle mal. Alle, außer ich, weil ich ziehe jetzt blank.
Meine Tochter ist 16 und sie ist super und meine Tochter nimmt 95 Prozent aller ihrer Mahlzeiten in der Horizontalen ein. Die kommt um halb vier aus der Schule, feuert ihren Rucksack in die Ecke, packt sich auf ihr Bett und wartet darauf, was der Altvordere ihr zusammengebrutzelt hat.
Ich mach dann Löwenfütterung, bringe ihr das Essen, ziehe mich zurück, arbeite im Wohnzimmer und gröle durch die Bude:

»Schmeckt doch ganz gut, oder was?« und ein kleines »Schmeckt gut!« kommt zurück.

Kein Kind isst ja länger als 5 Minuten bei so Geburtstagen, es sei denn, man spielt »Stipp-Stopp«.

Als besonderen Service biete ich an, dass sie ihr Essen im Zimmer rumoxidieren lassen darf. Sie macht dann Mittagsschlaf. Das hat sie beim Besten gelernt. Mir!

Wenn sie schläft, hole ich die einviertelvollen Teller wieder raus bei ihr, so leise, dass sie nicht aufwacht. Sie würde allerdings auch nicht aufwachen, wenn ein Panzer durch ihr Zimmer fahren würde.

Ich weiß, dass sich das alles nicht liest wie aus einem Erziehungsratgeber von der Nido, aber das ist mir egal. Viel mehr noch, ich genieße es, das genau falsch zu machen. Hört sich neurotisch an, ist es auch, aber eine Sache weiß ich:

Mein Freund Jens aus Berlin hat eine Tochter und die und meine sind befreundet, seitdem sie sich im Kindergarten zum ersten Mal gesehen haben.

Die haben sich so gefreut, als sie sich das erste Mal gesehen haben, dass die sich instinktiv einfach umarmt haben.

Seine hatte mal Geburtstag und da haben dann zehn kleine Girls abgehangen und den Punk gemacht, und dann gab es natürlich was zu Essen. Würstchen-Oktopus oder Kartoffelsmilies oder irgend so einen Kram. Kein Kind isst ja länger als fünf Minuten bei so Geburtstagen, es sei denn, man spielt »Stipp-Stopp«, dann wird länger gegessen und ab und zu kommt dann das Essen durch die Nase wieder raus vor lauter Lachen.

Die Kids sprangen also sofort wieder auf und Jens meinte dann zu mir: »Dein Kind war das Einzige, was geblieben ist und gefragt hat: »Kann ich dir was helfen?«

Stolz ist ja eine Todsünde, aber Herrgott, wann denn sonst?

»Wir lernen im Inneren, um es im Äußeren anzuwenden.« Das hat mich immer sehr beruhigt.

Was ich sagen will ist, machen Sie sich mal keine Sorgen. Die lernen das schon alles. Weil, wenn man ein guter Mensch ist, kann ein Kind auch nicht nicht lernen.

Es ist ganz normal, wenn Sie für die ganze Familie Nudeln gekocht haben und aus Ehrgeiz und um sich selbst zu beweisen, dass Sie Stil haben, neben die Nudeln noch ein Basilikumblatt gelegt haben und das Kind dann sagt: »Mach den Salat weg!« Das gleiche Kind dann aber nach der Schule noch mit zu einer Freundin geht und wenn Sie es dann später am Abend abholen, die anderen Eltern sagen: »Ihr Kind ist so ein guter Esser!« Und Sie dann fragen: »Was gab es denn?« Und die dann so: »Ach, was ganz Normales. Stopfentenleber im Szechuanpfeffer-Feuertopf mit Marzipan-Spinat an Kapern-Hering auf Rotwein-Schaum!«

Da kann man sich aufregen, ich habe das auch gemacht, aber mein Freund Stagge, und der ist Stahlbad-Pädagoge, hat immer gesagt: »Wir lernen im Inneren, um es im Äußeren anzuwenden.« Das hat mich immer sehr beruhigt. Den Satz von ihm: »Oder man lernt nichts. Das gibt es auch!« habe ich immer überhört.

PASTA

SPINATLASAGNE

Für 4 Portionen | Zeit: 60 Minuten | vegetarisch

Zutaten

250 g Mozzarella
600 g TK-Blattspinat, aufgetaut
1 Zwiebel
2 Knoblauchzehen
6 EL Olivenöl
Salz
Pfeffer
140 g Parmesankäse
Béchamelsauce (Rezept siehe unten)
9 Lasagneplatten ohne Vorkochen

1. Mozzarella in Stücke zupfen und auf Küchenpapier abtropfen lassen. Spinat im Sieb abtropfen lassen. Zwiebel und Knoblauch fein würfeln.
2. 3 EL Öl in einer Pfanne erhitzen. Zwiebeln und Knoblauch darin glasig dünsten. Spinat ausdrücken, zugeben und unter Rühren 3–4 Minuten bei mittlerer Hitze braten. Dabei mit Salz und Pfeffer würzen und lauwarm abkühlen lassen.
3. Backofen auf 180 °C (Ober-/Unterhitze) vorheizen. Parmesan fein reiben. Eine Auflaufform (ca. 30 cm x 20 cm) leicht ölen. Etwas Béchamelsauce auf dem Boden verteilen und mit 3 Lasagneplatten belegen. Die Hälfte vom Spinat und ein Drittel der Béchamelsauce darauf verteilen und mit 40 g Parmesan bestreuen. 1 weitere Lage einschichten und mit den restlichen Lasagneplatten abschließen.
4. Restliche Béchamelsauce, Parmesan und Mozzarella darauf verteilen, mit dem restlichen Öl beträufeln und im vorgeheizten Backofen ca. 30–35 Minuten goldbraun backen. Lasagne 5 Minuten ruhen lassen und servieren.

BÉCHAMELSAUCE

Für 1 Lasagne | Zeit: 15 Minuten | vegetarisch

Zutaten

40 g Butter
75 g Mehl
750 ml Milch
Salz
Muskat

1. Butter in einem Topf schmelzen. Mehl einrühren und ca. 2 Minuten bei mittlerer Hitze unter Rühren anschwitzen. Mit der Milch ablöschen und unter ständigem Rühren mit dem Schneebesen aufkochen. Falls Klümpchen entstehen, kurz mit dem Pürierstab durchmixen.
2. Mit Salz und Muskat abschmecken und 5 Minuten bei milder Hitze köcheln lassen. Falls die Sauce zu fest wird, einfach mit etwas Wasser oder Milch verdünnen.

TAGLIATELLE MIT GARNELEN-BOLO

Für 4 Portionen | Zeit: 1 Stunde 10 Minuten

Zutaten

16 Garnelen mit Kopf und Schale
4 Knoblauchzehen
10 g Ingwer
1 Stiel glatte Petersilie
8 El Olivenöl
1,5 EL Tomatenmark
150 ml trockener Weißwein
4 Stiele Basilikum
½ TL Fenchelsaat
1 Streifen Bio-Zitronenschale
12 Kirschtomaten
½ rote Pfefferschote
Salz
Pfeffer
400 g Tagliatelle
1 EL kalte Butter
1 TL abgeriebene Zitronenschale

1. Garnelen abspülen, abtropfen lassen, schälen und Köpfe abtrennen. Garnelenschalen und Köpfe grob klein schneiden. Knoblauchzehen andrücken. Ingwer schälen und in Scheiben schneiden. Petersilie klein schneiden.
2. 3 EL Öl in einem weiten Topf erhitzen. Garnelenschalen und -köpfe darin 3–4 Minuten unter Rühren anrösten. Tomatenmark zugeben und 5 Minuten mitrösten. Mit Wein ablöschen und fast vollständig einkochen lassen. 2 Stiele Basilikum, Fenchelsaat und Zitronenschale zugeben, knapp mit kaltem Wasser bedecken und offen aufkochen. Dann bei milder Hitze 10 Minuten ziehen lassen.
3. Inzwischen die Garnelen am Rücken längs einschneiden, entdarmen, abspülen, trocken tupfen und mittelfein hacken. Tomaten, Pfefferschote und restlichen Knoblauch getrennt klein hacken.
4. Sauce durch ein feines Sieb passieren. 4 EL Öl in einer großen Pfanne erhitzen. Gehackte Garnelen darin krümelig braten. Knoblauch und Pfefferschoten zugeben und 1–2 Minuten unter Rühren mitbraten. Tomaten und 300 ml Garnelenfond zugeben und bei mittlerer Hitze 8–10 Minuten sämig einkochen lassen. Dabei mit Salz und Pfeffer würzen.
5. Pasta nach Packungsanweisung in kochendem Salzwasser bissfest garen. Dann in ein Sieb abgießen und dabei 150 ml Nudelwasser auffangen. Restliche Basilikumblätter abzupfen.
6. Pasta, Butter und Zitronenschale zur Sauce geben, ggf. etwas Nudelwasser zugießen und 1–2 Minuten unter Rühren fertig garen. Mit dem restlichen Öl beträufeln und mit Basilikum bestreut servieren.

Tipp: Den restlichen Garnelenfond fürs nächste Mal einfrieren.

RIGATONI MIT GORGONZOLASAUCE

Für 4 Portionen | Zeit: 20 Minuten | vegetarisch

Zutaten

1 Knoblauchzehe
400 g Rigatoni
2 EL Olivenöl
300 ml Sahne
Salz
Pfeffer
Cayennepfeffer
200 g cremiger Gorgonzola
1 EL Butter
2 EL fein geriebener Parmesan

1. Knoblauchzehe fein hacken. Pasta in reichlich kochendem Salzwasser nach Packungsanweisung bissfest garen.
2. Öl in einer großen Pfanne erhitzen und den Knoblauch darin glasig dünsten. Sahne zugeben, mit Salz, Pfeffer und Cayenne würzen und aufkochen. Die Hitze reduzieren, Gorgonzola in Stücke zupfen, zugeben und bei milder Hitze unter Rühren schmelzen.
3. Pasta in ein Sieb abgießen und dabei ca. 150 ml Nudelwasser auffangen. Nudeln und 75 ml Nudelwasser zur Sauce geben und durchschwenken. Butter und Parmesan zugeben, untermischen und 1–2 Minuten auf kleinster Stufe fertig garen. Falls die Sauce zu dickflüssig ist, etwas mehr Nudelwasser zugeben. Pasta anrichten und servieren.

MEATBALLS

Für 4 Portionen | Zeit: 60 Minuten

Zutaten

500 g Mett
1 Ei (Größe M)
2 EL Semmelbrösel
2 EL fein geriebener Parmesan
5 EL Olivenöl
600 g Tomaten-Passata
Salz
Zucker
400 g Lieblingspasta
Parmesan

1. Mett mit Ei, Semmelbröseln und Parmesan in einer Schüssel mischen und 5 Minuten mit den Händen durchkneten. Aus dem Teig ca. 20 Meatballs formen.
2. Backofen auf 200 °C (Umluft) vorheizen. 4 EL Öl in einem ofenfesten Bräter erhitzen und die Meatballs darin rundherum anbraten. Passata zugeben, mit einer Prise Salz und Zucker würzen und im vorgeheizten Backofen 30 Minuten offen schmoren.
3. Pasta nach Packungsanweisung in reichlich kochendem Salzwasser bissfest garen. Eine Kelle Nudelkochwasser (ca. 125 ml) zu den Meatballs geben und unterrühren. Pasta abgießen, abtropfen lassen, mit der Sauce mischen und kurz auf dem Herd erhitzen. Nach Belieben mit Olivenöl beträufeln und mit Parmesan bestreut servieren.

PASTA-SALAT MIT AUBERGINE UND WALNÜSSEN

Für 4 Portionen | Zeit: 30 Minuten | vegetarisch

Zutaten

2 getigerte Auberginen (ersatzweise normale Auberginen)
Salz
350 g Pipe Rigate
6 EL Olivenöl
2 Tomaten
30 g Walnusskerne
1 Pfefferschote
1 rote Zwiebel
3 Stiele glatte Petersilie
60 g Rauke
5 EL Weißweinessig
2 EL Kapern
Zucker

1. Auberginen putzen, schälen und sehr fein würfeln. Dazu erst längs in ca. 5 mm dicke Scheiben, dann in Streifen und anschließend in Würfel schneiden. Auberginenwürfel in kochendem Salzwasser 10 Minuten garen. Dann im Sieb abgießen, abschrecken und abtropfen lassen.
2. Pasta nach Packungsanweisung in kochendem Salzwasser bissfest garen. In ein Sieb abgießen und dabei 50 ml Nudelkochwasser auffangen. Nudeln abschrecken, abtropfen lassen und in einer Schüssel mit 2 EL Öl mischen.
3. Tomaten halbieren und auf einer Küchenreibe bis zur Schale fein reiben. Walnusskerne grob hacken. Pfefferschote und Zwiebel fein würfeln. Petersilienblätter abzupfen und fein hacken. Rauke waschen und trockenschleudern.
4. Nudelwasser, Essig und restliches Öl mischen. Geriebene Tomate, Aubergine, Pfefferschote, Zwiebeln, Kapern, Petersilie und Walnüsse zugeben und mit Salz und 1 Prise Zucker würzen. Pasta und Rauke untermischen und servieren.

SPAGHETTI MIT PESTO

Für 4 Portionen | Zeit: 25 Minuten | vegetarisch

Zutaten

10 g Pinienkerne
60 g Basilikum
2 Stiele glatte Petersilie
1 kleine Knoblauchzehe
150 ml Olivenöl + 3 EL
2 EL fein geriebener Parmesan
Salz
Pfeffer
500 g Spaghetti

1. Pinienkerne in einer Pfanne ohne Fett goldgelb rösten, herausnehmen, abkühlen lassen und grob hacken. Kräuterblätter abzupfen und mit Knoblauch, Pinienkernen und 150 ml Olivenöl im Mixer fein pürieren. Parmesan unterheben und mit Salz und Pfeffer abschmecken.
2. Pasta nach Packungsanweisung in kochendem Salzwasser bissfest garen. In ein Sieb abgießen und dabei 150 ml Nudelkochwasser auffangen.
3. 80 ml Nudelkochwasser und pro Portion 3 EL Pesto in einer großen Pfanne verrühren und erwärmen. Pasta zugeben, vermengen und 1–2 Minuten köcheln lassen. Ggf. das restliche Kochwasser zugeben.
4. Pasta auf Tellern anrichten und servieren.

PILZPASTA

Für 4 Portionen | Zeit: 30 Minuten | vegetarisch

Zutaten
350 g Champignons
1 Knoblauchzehe
4 EL Olivenöl
1 EL Tomatenmark
1 TL Honig
1 EL Paprikapulver, edelsüß
Salz
½ TL getrockneter Thymian
100 ml trockener Rotwein
2 Stiele Estragon
1 TL Steinpilzpulver (Rezept siehe unten)
400 g Pasta, z.B. Calamarata
optional 1 EL Butter oder Olivenöl
Pfeffer
Parmesan nach Geschmack

1. Pilze in dünne Scheiben schneiden. Knoblauch fein hacken. 3 EL Öl in einem schweren Topf oder Bräter erhitzen. Pilze darin goldbraun und fast trocken braten. 1 EL Öl, Tomatenmark, Honig und Paprikapulver zugeben und 2–3 Minuten unter Rühren anrösten. Dabei mit Salz würzen.
2. Thymian zugeben, mit dem Rotwein ablöschen und bei milder Hitze fast vollständig einkochen lassen. Estragon fein hacken, mit dem Steinpilzpulver zugeben und die Sauce warmhalten.
3. Pasta nach Packungsanweisung in reichlich kochendem Salzwasser bissfest garen. Pasta abgießen und dabei 200 ml Nudelkochwasser auffangen. Pasta und etwas Kochwasser zur Sauce geben und kurz erwärmen. Nach Belieben Butter oder 1 EL Öl untermischen und mit Salz und Pfeffer abschmecken. Mit Parmesan bestreut servieren.

Steinpilzpulver
20 g getrocknete Steinpilze mit 1 Prise Salz in der Küchenmaschine fein mahlen. In einem Schraubglas trocken und dunkel lagern.

KRAUTFLECKERL MIT LAMMHACK UND WEINTRAUBEN

Für 4 Portionen | Zeit: 30 Minuten

Zutaten

300 g Schwarzkohl
1 Knoblauchzehe
100 g kernlose Weintrauben
100 g Gruyère
4 EL Olivenöl
400 g Pasta, z.B. Pantacce Toscane
500 g Lammhackfleisch
Salz
1 TL Räucherpaprikapulver, dulce
½ TL gemahlener Kreuzkümmel
1 TL Oregano
2 EL kalte Butter
Chiliflocken

1 Schwarzkohlblätter von den Blattrippen streifen und in Stücke zupfen. Knoblauch fein hacken. Weintrauben halbieren. Käse fein reiben.

2 2 EL Öl in einer großen Pfanne erhitzen. Schwarzkohl darin 2–3 Minuten scharf anbraten und aus der Pfanne nehmen.

3 Pasta nach Packungsanweisung in reichlich kochendem Salzwasser bissfest garen.

4 2 EL Öl in die Pfanne geben und erhitzen. Hackfleisch mit dem Knoblauch darin grob krümelig braten und mit 1 ½ TL Salz, Räucherpaprika, Kreuzkümmel und Oregano würzen. Schwarzkohl und 100 ml vom Nudelkochwasser zugeben (mit einer Kelle aus dem Nudelkochtopf entnehmen) und 5 Minuten köcheln lassen.

5 Pasta abgießen und dabei 100 ml Nudelkochwasser auffangen. Butter, Pasta und Weintrauben zur Sauce geben, mischen und 1 Minute köcheln lassen (ggf. noch etwas Nudelwasser zugeben). Die Pfanne vom Herd nehmen und die Hälfte vom Käse unterheben. Mit Chiliflocken und dem restlichen Käse bestreut servieren.

PASTA AL RAGÙ

Für 4 Portionen | Zeit: 1 Stunde 20 Minuten

Zutaten

50 g Möhren
2 Zwiebeln
50 g Staudensellerie
2 Knoblauchzehen
150 g Geflügelleber, gehackt
150 g Hühnerherzen, gehackt
6 EL Olivenöl
500 g Kalbshackfleisch
Salz
2 EL Tomatenmark
400 ml trockener Weißwein
½ TL Oregano
1 Prise Zimt
Pfeffer
400 g Pappardelle
Zucker
1–2 EL kalte Butter
3–4 EL fein geriebener Parmesan
4 El gehobelter Parmesan

1 Möhren schälen und mit Zwiebeln und Staudensellerie fein würfeln. Knoblauch fein hacken. Leber und Herzen trocken tupfen und fein hacken.
2 3 EL Öl in einem weiten Topf erhitzen. Zwiebeln, Sellerie und Möhren darin glasig dünsten. Knoblauch und Hühnerherzen zugeben und kurz mitbraten. Hackfleisch zugeben und krümelig braten. Dabei leicht salzen. Dann die Leber zugeben und kurz mitbraten. Tomatenmark hinzufügen und unter Rühren 2–3 Minuten anrösten. Mit 200 ml Weißwein ablöschen und fast vollständig einkochen. Restlichen Wein zugeben und wieder fast vollständig einkochen lassen. Mit Oregano, Zimt und Pfeffer würzen, knapp mit Wasser bedecken und zugedeckt 30 Minuten bei milder Hitze schmoren.
3 Nudeln nach Packungsanweisung in kochendem Salzwasser bissfest garen. Das Ragù mit Salz und Zucker abschmecken. Butter und geriebenen Parmesan untermischen. Die Sauce darf jetzt nicht mehr kochen.
4 Pasta abgießen und dabei 150 ml Nudelwasser auffangen. Pasta und 50 ml Nudelwasser im Topf mit dem Ragù mischen und 1 Minute unter Rühren ziehen lassen. Ggf. noch etwas mehr Nudelwasser zugeben. Die Papardelle al Ragù mit Olivenöl beträufeln und mit gehobeltem Parmesan bestreut servieren.

SPAGHETTI CARBONARA

Für 4 Portionen | Zeit: 25 Minuten

Zutaten

200 g Guanciale, ersatzweise Speck
2 Stiele glatte Petersilie
400 g Spaghetti
Salz
4 Eier (Größe M)
2 Eigelbe (Größe M)
150 g fein geriebener Pecorino oder Parmesan
Schwarzer Pfeffer

1. Guanciale erst in dünne Scheiben, dann in Stifte schneiden und in einer großen Pfanne ohne Fett knusprig braten. Petersilienblätter abzupfen und fein hacken. Guanciale auf Küchenpapier abtropfen lassen. Das ausgelassene Fett in eine Schüssel füllen.
2. Pasta nach Packungsanweisung in reichlich kochendem Salzwasser bissfest garen. Eier und Eigelb in einer Schüssel verquirlen. 120 g Käse unterheben. Pasta abgießen und dabei 250 ml Nudelkochwasser auffangen.
3. Nudeln und 4 EL vom ausgelassenen Fett in die Guanciale-Pfanne geben. Eier-Mischung und 150 ml Kochwasser zugeben und zügig mit der Pasta mischen. Pfanne auf den Herd stellen und bei kleinster Stufe unter Rühren erwärmen, bis eine cremige Sauce entsteht. Die Sauce darf nicht zu heiß werden, da das Ei sonst stockt. Ggf. etwas mehr Kochwasser zugeben, falls die Pasta zu trocken wird. Petersilie und Guanciale untermischen, mit Pfeffer würzen und mit dem restlichen Käse bestreut servieren.

PASTA MIT GERIEBENER TOMATENSAUCE

Für 4 Portionen | Zeit: 20 Minuten

Zutaten

6 Tomaten
½ rote Chilischote
2 Sardellen in Öl
Salz
Zucker
Pfeffer
abgeriebene Schale von ½ Bio-Zitrone
1–2 Spritzer Zitronensaft
2 Stiele Basilikum
400 g Spaghettini
2–3 EL Olivenöl

1 Tomaten halbieren und das Fruchtfleisch auf der groben Seite einer Küchenreibe bis zur Schale in eine Schüssel reiben. Chilischote und Sardellen fein hacken und untermischen. Mit Salz, 1 Prise Zucker, Pfeffer, Zitronenschale und Zitronensaft würzen. Basilikumblätter abzupfen, die Hälfte in feine Streifen schneiden und untermischen.

2 Pasta nach Packungsanweisung in kochendem Salzwasser bissfest garen. Nudeln in ein Sieb abgießen und sofort mit der Sauce mischen. Olivenöl zugeben und mit dem restlichen Basilikum bestreut servieren.

PASTA AMATRICIANA

Für 4 Portionen | Zeit: 45 Minuten | vegan

Zutaten

1 großer Kräuterseitling (ca. 150 g)
6 EL Olivenöl
1 TL Räucherpaprikapulver, dulce
Salz
400 g Tomaten
2 rote Zwiebeln
1 Knoblauchzehe
2 Stiele glatte Petersilie
Pfeffer
Zucker
400 g Tortiglioni

1 Kräuterseitling wie Speck würfeln. 2 EL Öl in einer Pfanne erhitzen und die Pilzwürfel darin goldgelb braten. Mit Räucherpaprikapulver bestäuben, salzen, kurz mitbraten und aus der Pfanne nehmen.

2 Stielansätze der Tomaten herausschneiden. Tomaten in ca. 1 cm große Würfel schneiden. Zwiebeln in Streifen schneiden. Knoblauch in dünne Scheiben schneiden. Petersilie fein hacken.

3 3 EL Öl in der Pfanne erhitzen. Zwiebeln und Knoblauch darin glasig dünsten. Tomaten zugeben und 15 Minuten bei mittlerer Hitze köcheln lassen. Dabei mit Salz, Pfeffer und 1 Prise Zucker würzen.

4 Inzwischen die Pasta nach Packungsanweisung in kochendem Salzwasser bissfest garen. Pasta in ein Sieb abgießen und dabei ca. 100 ml Nudelwasser auffangen. Pasta, Pilze, Petersilie und 50 ml Nudelwasser zur Sauce geben, mischen und 1 Minute köcheln lassen (ggf. etwas mehr Nudelwasser zugeben). Die Pasta mit dem restlichen Öl beträufeln und sofort servieren.

SPAGHETTI MIT RAYU-ÖL

Für 4 Portionen | Zeit: 45 Minuten | vegetarisch

Zutaten

2 Pfefferschoten
4 Knoblauchzehen
3 EL Chiliflocken
1 EL Zucker
1 TL Tomatenmark
150 ml Öl
Salz
Pfeffer
500 g Spaghetti
4 Stiele Basilikum
frisch geriebener Parmesan

1. Pfefferschoten längs halbieren, nach Belieben entkernen und fein würfeln. Knoblauchzehen durchpressen und mit Chiliflocken, Zucker, Tomatenmark und Pfefferschoten in einen kleinen Topf geben. Öl in einem Topf auf ca. 150 °C erhitzen, zur Chili-Mischung gießen und verrühren. Lauwarm abkühlen lassen und mit Salz und Pfeffer würzen.
2. Spaghetti nach Packungsanweisung in kochendem Salzwasser bissfest garen. Dann in ein Sieb abgießen und sofort mit dem Rayu-Öl und gezupften Basilikumblättern mischen und servieren. Nach Geschmack mit Parmesan bestreuen.

SUPPEN & EINTÖPFE

CHILI CON CARNE

Für 4 Portionen | Zeit: 45 Minuten + 1 Stunde 40 Minuten Schmorzeit

Zutaten

600 g Rinderschulter
300 g rote Zwiebeln
2 rote Pfefferschoten
1 rote Chilischote
3 Knoblauchzehen
1 EL edelsüßes Paprikapulver
1 TL gemahlener Koriander
1 Messerspitze Zimt
1 TL getrockneter Thymian
1 TL gemahlener Kreuzkümmel
1 TL Kakaopulver
Zucker
6 EL Olivenöl
Salz
Pfeffer
1 Dose Datterini-Tomaten
1 Dose Maiskörner
1 Dose Kidneybohnen
1 Bund Koriander
2 Frühlingszwiebeln
100 g Schmand

1 Backofen auf 140 °C (Ober-/Unterhitze) vorheizen. Fleisch in ca. 1 cm große Würfel schneiden. Rote Zwiebeln fein würfeln. Pfefferschoten, Chilischote und Knoblauch fein hacken. Für ein milderes Chili die Pfefferschoten entkernen. Paprika, Koriander, Zimt, Thymian, Kreuzkümmel, Kakaopulver und 1 TL Zucker mischen.

2 3 EL Öl in einem ofenfesten Bräter mit Deckel erhitzen. Fleisch darin in 2 Portionen rundherum scharf anbraten, dabei mit Salz und Pfeffer würzen. Fleisch herausnehmen. Restliches Öl in dem Bräter erhitzen. Zwiebeln darin glasig dünsten. Pfefferschote, Chilischoten und Knoblauch zugeben und kurz mitbraten.

3 Dann das Fleisch zurück in den Bräter geben. Die Gewürzmischung hinzufügen und kurz mitbraten. Tomaten und 200 ml Wasser zugeben und aufkochen. Im vorgeheizten Backofen 90–100 Minuten zugedeckt schmoren.

4 Mais und Bohnen im Sieb abtropfen lassen. Korianderblätter abzupfen und Frühlingszwiebeln schräg in dünne Scheiben schneiden. Beides in kaltes Wasser legen. Chili aus dem Ofen nehmen und auf den Herd stellen. Mais und Bohnen zugeben und 6–8 Minuten bei mittlerer Hitze erwärmen. Mit Salz abschmecken und mit Schmand und den abgetropften Frühlingszwiebeln anrichten.

RATATOUILLE-EINTOPF

Für 4 Portionen | Zeit: 45 Minuten | vegan

Zutaten

200 g Berglinsen
3 rote Spitzpaprika
2 Zucchini
1 kleine Aubergine
1 kleine rote Zwiebel
3 Knoblauchzehen
2 Tomaten
4 Stiele glatte Petersilie
5 EL Olivenöl
1 TL Räucherpaprikapulver, süß
450 ml Gemüsebrühe
1 EL Balsamessig
Salz
Pfeffer

1. Linsen in einem Sieb abspülen und in kochendem Wasser nach Packungsanweisung noch leicht bissfest garen. Inzwischen Paprika, Zucchini und Aubergine putzen und fein würfeln. Zwiebel fein würfeln. Knoblauch durchpressen. Tomaten würfeln und beiseitestellen. Petersilie hacken.
2. Öl in einem Topf erhitzen. Das Gemüse, bis auf die Tomaten, darin 8–10 Minuten unter Rühren anbraten.
3. Linsen in ein Sieb abgießen und abtropfen lassen. Räucherpaprikapulver zum Gemüse geben und kurz mitbraten. Brühe, Linsen, Tomaten, Petersilie und Essig zugeben. Mit Salz und Pfeffer würzen und 10 Minuten bei milder Hitze köcheln lassen. Den Eintopf mit Salz abschmecken und servieren.

MINESTRONE

Für 4 Portionen | Zeit: 45 Minuten | vegetarisch

Zutaten

200 g Blumenkohl
200 g grüne Bohnen
2 Stangen Staudensellerie
200 g gelbe Zucchini
200 g Spitzkohl
1 Zwiebel
1 Knoblauchzehe
1 Dose gehackte Tomaten (400 g)
6 EL Olivenöl
Salz
Pfeffer
2 Lorbeerblätter
1 l Gemüsebrühe
3 Stiele glatte Petersilie
60 g geriebener Parmesan

1 Blumenkohl in kleine Röschen teilen. Den Strunk klein schneiden. Bohnen putzen und in 2 cm lange Stücke schneiden. Sellerie und Zucchini in ca. 1 cm große Würfel schneiden. Spitzkohl in ca. 1 cm große Stücke schneiden. Zwiebeln und Knoblauch fein würfeln. Tomaten in einem Sieb abspülen und abtropfen lassen.

2 4 EL Öl in einem Topf erhitzen. Knoblauch und Zwiebeln darin glasig dünsten. Sellerie, Spitzkohl, Zucchini, Bohnen und Blumenkohl zugeben und 3–4 Minuten unter Rühren andünsten. Dabei mit Salz und Pfeffer würzen. Tomaten, Lorbeer und Brühe zugeben, aufkochen und 10–15 Minuten köcheln lassen.

3 Die Petersilie fein hacken. Minestrone mit Salz und Pfeffer abschmecken. Petersilie untermischen. In Teller füllen, mit dem restlichen Öl beträufeln und mit Parmesan bestreut servieren. Dazu passt geröstetes Baguette oder Bauernbrot.

MUSCHEL-CURRY

Für 4 Portionen | Zeit: 40 Minuten

Zutaten

1 kg Miesmuscheln
20 g Ingwer
1 Möhre
4 Knoblauchzehen
1 Pfefferschote
1 Chilischote
2 Stängel Zitronengras
1 Bund Koriander
4 Frühlingszwiebeln
2 EL neutrales Öl
1 EL Butter
1 gestrichener EL mittelscharfes Currypulver
400 ml Kokosmilch
Saft von 1 Limette

1. Muscheln unter fließendem kalten Wasser waschen, die Bärte entfernen und die Muscheln mit einer Bürste säubern. Offene und beschädigte Muscheln aussortieren.
2. Ingwer und Möhre schälen und fein würfeln. Knoblauch fein hacken. Pfefferschote und Chili in feine Ringe schneiden. Zitronengras flachklopfen und in Stücke schneiden. Koriander grob hacken. Frühlingszwiebeln in feine Ringe schneiden.
3. Öl und Butter in einem Topf erhitzen. Zitronengras, Ingwer, Knoblauch, Möhren, Chili- und Pfefferschote darin 2–3 Minuten dünsten. Currypulver zugeben und kurz mitdünsten. Kokosmilch zugeben, aufkochen und etwas einkochen lassen.
4. Muscheln zugeben und zugedeckt 8–10 Minuten garen. Nach Ende der Garzeit die noch geschlossenen Muscheln entfernen. Limettensaft, Koriander und Frühlingszwiebeln zugeben und servieren.

BROKKOLISUPPE

Für 4 Portionen | Zeit: 40 Minuten | vegetarisch

Zutaten

1 großer Kopf Brokkoli
1 Zwiebel
3 Knoblauchzehen
250 g Lauchzwiebel
6 EL Olivenöl
Meersalzflocken
Pfeffer
Zucker
150 ml Schlagsahne
1–2 EL Senf
1–2 EL Zitronensaft
3 Stiele glatte Petersilie
2 EL Butter
Chiliflocken nach Geschmack

1 Brokkoli putzen, waschen und in Röschen teilen. Den Stiel schälen und klein schneiden. 1 Handvoll Brokkoliröschen je nach Größe längs vierteln oder halbieren und beiseitestellen. Restlichen Brokkoli grob klein schneiden. Zwiebeln und 1 Knoblauchzehe fein würfeln. Lauchzwiebel putzen und in Ringe schneiden.

2 4 EL Öl in einem Topf erhitzen. Zwiebeln, Lauch und Knoblauch darin farblos andünsten. Den klein geschnittenen Brokkoli zugeben und 2–3 Minuten mitdünsten. Mit Salz, Pfeffer und 1 Prise Zucker würzen und mit 750 ml Wasser auffüllen und aufkochen. Bei mittlerer Hitze 15 Minuten köcheln lassen.

3 Sahne, Senf und Zitronensaft zur Suppe geben und in der Küchenmaschine oder mit dem Schneidstab fein pürieren (falls sie zu dickflüssig ist, etwas mehr Wasser zugeben). Suppe zurück in den Topf gießen, mit Salz und Pfeffer abschmecken und warmhalten.

4 Restlichen Knoblauch in dünne Scheiben schneiden. Petersilienblätter abzupfen und grob hacken. Restliches Öl in einer Pfanne erhitzen. Beiseite gelegte Brokkoliröschen darin 1–2 Minuten scharf anbraten. Butter und Knoblauch zugeben und kurz mitbraten. Petersilie zugeben und mit Salz und Chiliflocken würzen. Die Suppe mit den gebratenen Brokkoliröschen anrichten und servieren.

AM EIGENEN HERD GERNE AUFS WESENTLICHE KONZENTRIEREN: GUTES UND UNKOMPLIZIERTES ESSEN

GUMBO

Für 4 Portionen | Zeit: 1 Stunde 20 Minuten

Zutaten

8 EL Sonnenblumenöl
40 g Butter
65 g Mehl
4 Frühlingszwiebeln
2 Zwiebeln
2 Knoblauchzehen
1 rote Paprika
1 grüne Paprika
2 Stangen Staudensellerie
200 g Cabanossi
12 Garnelen ohne Kopf und Schale, küchenfertig
1 TL Tomatenmark
2 Lorbeerblätter
2 TL edelsüßes Paprikapulver
½ TL getrockneter Thymian
¼ TL getrockneter Oregano
Salz
Pfeffer
Cayennepfeffer
1,2 l Geflügelbrühe

1 Für die Roux (Mehlschwitze) 4 EL Öl und 40 g Butter in einem Topf erhitzen und das Mehl langsam mit einem Schneebesen einrühren. Bei milder bis mittlerer Hitze 20–25 Minuten dunkelbraun rösten. Dabei häufig mit einem Pfannenwender umrühren, damit die Mehlschwitze nicht anbrennt.

2 Inzwischen Frühlingszwiebeln putzen und in dünne Scheiben schneiden. Den grünen Teil beiseitelegen. Zwiebeln, Knoblauch und restliches Gemüse putzen und fein würfeln. Cabanossi in Scheiben schneiden. Garnelen kalt abspülen und gründlich trocken tupfen.

3 2 EL Öl in einer Pfanne erhitzen. Cabanossi darin 2–3 Minuten scharf anbraten und herausnehmen. Garnelen in der heißen Pfanne 1–2 Minuten rundherum scharf anbraten und herausnehmen.

4 Restliches Öl in die Pfanne geben und erhitzen. Paprika, Zwiebeln, Sellerie, Knoblauch und den hellen Teil der Frühlingszwiebeln darin 5–6 Minuten anrösten. Tomatenmark dazugeben und unter Rühren kurz mitrösten. Lorbeerblätter, Paprikapulver, Thymian und Oregano zugeben und mit Salz, Pfeffer und 1 Prise Cayennepfeffer würzen. Dann beiseitestellen.

5 Brühe erhitzen und nach und nach in die Roux einrühren. Gemüse und Wurst zugeben, aufkochen und 30 Minuten bei milder Hitze köcheln lassen. Dabei mit Salz und Cayennepfeffer abschmecken. Garnelen erst nach den 30 Minuten zugeben und weitere 5 Minuten mitgaren. Gumbo mit dem Frühlingszwiebelgrün bestreut servieren. Dazu passt Reis.

TOMATENSUPPE

Für 4 Portionen | Zeit: 50 Minuten | vegan

Zutaten

1 kg Kirschtomaten
½ Fenchelknolle
½ rote Paprika
4 Schalotten
1 Knoblauchzehe
5 EL Olivenöl
1 Sternanis
2 Lorbeerblätter
4 Stängel Thymian
500 ml Gemüsebrühe oder Tomatensaft
Salz
Pfeffer
1 Prise Zucker

1 Tomaten halbieren. Fenchel putzen und in Streifen schneiden. Paprika und Schalotten fein würfeln. Knoblauch in dünne Scheiben schneiden.

2 Olivenöl in einem Topf erhitzen. Knoblauch und Schalotten darin glasig dünsten. Fenchel, Paprika, Sternanis und Lorbeerblätter zugeben und kurz mitbraten. Tomaten zugeben und 5 Minuten braten. Thymian und Brühe zugeben und mit Salz, Pfeffer und 1 Prise Zucker würzen. Die Suppe zugedeckt aufkochen und anschließend offen 20 Minuten bei milder Hitze köcheln lassen. Anschließend mit Salz und Pfeffer abschmecken. Sternanis und Thymianstiele entfernen und die Suppe servieren. Dazu passt geröstetes Brot.

Tipp: Mit Safran oder Fenchelsaat gewürzt bekommt die Suppe einen komplett neuen Dreh.

CREMIGE KARTOFFELSUPPE

Für 4 Portionen | Zeit: 45 Minuten

Zutaten

1 Zwiebel
3 Frühlingszwiebeln
750 g festkochende Kartoffeln
2 EL Butter
5 EL Olivenöl
1 l Gemüsebrühe
120 g Speck
100 g weiße Bohnen aus der Dose
2 Stiele Thymian
Salz
Pfeffer
75 ml Schlagsahne
Muskat

1 Zwiebel fein würfeln. Frühlingszwiebeln putzen, waschen und in feine Ringe schneiden. Kartoffeln schälen, 2 Kartoffeln beiseitelegen und restliche Kartoffeln würfeln.

2 2 EL Butter und 3 EL Öl in einem Topf erhitzen. Zwiebel und Frühlingszwiebeln darin glasig dünsten. Kartoffelwürfel zugeben und kurz mitdünsten. Mit Gemüsebrühe auffüllen, aufkochen und Kartoffeln bei mittlerer Hitze 20–25 Minuten weich garen.

3 Inzwischen Speck und restliche Kartoffeln fein würfeln. Bohnen in einem Sieb abspülen und abtropfen lassen. Thymianblättchen abzupfen und fein hacken.

4 2 EL Öl in einer Pfanne erhitzen. Speck darin 3–4 Minuten bei mittlerer Hitze braten. Gewürfelte Kartoffeln zugeben und 8–10 Minuten knusprig braten. Dabei mit Salz und Pfeffer würzen.

5 Sahne zur Suppe geben und in der Küchenmaschine fein pürieren. Mit Salz, Pfeffer und Muskat würzen und warmhalten. Bohnen und Thymian zur Speck-Kartoffel-Mischung geben und kurz mitbraten. Suppe mit dem Topping anrichten und servieren.

GULASCH

Für 4 Portionen | Zeit: 1 Stunde + 2 Stunden Schmorzeit

Zutaten

1,2 kg Rinderhals, Nacken, Hochrippe oder Schulter
Zucker
Salz
3 EL edelsüßes Paprikapulver
200 g Sellerieknolle
3 Möhren
2 kleine rote Paprika
120 g Champignons
1 rote Pfefferschote
3 Knoblauchzehen
250 g Zwiebeln
4 EL Olivenöl
3 EL Tomatenmark
1 TL Kümmelsaat
1 TL getrockneter Thymian
300 ml trockener Rotwein

1. Fleisch in ca. 3 cm große Würfel schneiden, mit ½ TL Zucker, ½ TL Salz und ½ EL Paprikapulver vermengen und beiseitestellen.
2. Backofen auf 160 °C (Ober-/Unterhitze) vorheizen. Sellerie und Möhren schälen und grob klein schneiden. Paprika putzen, vierteln, entkernen und klein schneiden. Pilze putzen und klein schneiden. Pfefferschote, Knoblauch und Zwiebeln klein schneiden. (Wer eine Küchenmaschine mit Pulsfunktion besitzt, kann das komplette Gemüse und die Pilze darin zerkleinern.)
3. Öl in einem Topf erhitzen. Gemüse darin unter Rühren 8–10 Minuten anbraten. Tomatenmark und ½ TL Salz zugeben und 2–3 Minuten unter Rühren anrösten. Paprikapulver zugeben und kurz mitrösten. Kümmel und Thymian zugeben, mit Rotwein ablöschen und etwas einkochen lassen. Mit ca. 1 l Wasser auffüllen, so dass das Gemüse bedeckt ist, und 30 Minuten bei mittlerer Hitze köcheln lassen.
4. Die Sauce durch ein feines Sieb in einen ofenfesten Bräter passieren. Um die Sauce etwas zu binden, 1 Suppenkelle abgetropftes Gemüse in die Sauce geben und mit dem Schneidstab fein pürieren. Das Fleisch in die Sauce geben und zugedeckt für 2 Stunden im vorgeheizten Backofen weich schmoren.
5. Das Gulasch mit Salz und Pfeffer abschmecken und nach Belieben mit in kaltem Wasser gelöster Speisestärke binden. Dazu passt geröstetes Brot.

KNOBLAUCH-SPINAT-SUPPE MIT REIS UND MISO

Für 4 Portionen | Zeit: 45 Minuten | vegan

Zutaten
1,2 l Gemüsebrühe
120 g Arroz Bomba oder Risottoreis
4 Knoblauchzehen
400 g Wurzelspinat
1 ½ EL helle Misopaste
Salz
Pfeffer

1 Brühe in einem Topf aufkochen. Reis zugeben und die Knoblauchzehen dazupressen. Bei milder Hitze 30 Minuten offen köcheln lassen.
2 Spinat waschen, putzen, in feine Streifen schneiden und zum Reis in die Brühe geben. Alles 10 Minuten köcheln lassen. Misopaste mit etwas lauwarmem Wasser glatt rühren. Den Topf vom Herd nehmen und die Misopaste untermischen. Suppe mit Salz und Pfeffer abschmecken und servieren.

KARTOFFELN

BRATKARTOFFELN

Für 2–4 Portionen | Zeit: 35 Minuten

Zutaten
2 Zwiebeln
100 g Speck
5 EL Olivenöl
800 g gegarte Pellkartoffeln vom Vortag
3 Stiele glatte Petersilie
Salz
Pfeffer
1 EL Butter

1 Zwiebeln und Speck fein würfeln. 1 EL Öl in einer großen Pfanne erhitzen. Speck darin kurz anbraten. Zwiebeln zugeben und glasig dünsten. Aus der Pfanne nehmen.

2 Kartoffeln pellen und in ca. 5 mm dicke Scheiben schneiden. 4 EL Öl in der Pfanne erhitzen und die Kartoffeln darin bei mittlerer Hitze 3–4 Minuten anbraten und erst dann vorsichtig wenden. Unter gelegentlichem Wenden weitere 15–20 Minuten goldbraun braten.

3 Petersilie fein hacken. Speck-Zwiebelmischung zu den Bratkartoffeln geben, vorsichtig unterheben und 2 Minuten mitbraten. Dabei mit Salz und Pfeffer würzen. Butter und Petersilie zugeben, kurz mitbraten, abschmecken und servieren.

ZITRONEN-KARTOFFELPÜREE

Für 4 Portionen | Zeit: 35 Minuten | vegetarisch

Zutaten

1 kg mehligkochende Kartoffeln
200 ml Milch
150 g Butter
Salz
Muskat
2 Bio-Zitronen

1. Kartoffeln schälen, vierteln und in kochendem Salzwasser 20–25 Minuten zugedeckt weich garen.
2. Milch und Butter in einem Topf erwärmen und mit Salz und Muskat würzen. Zitronen heiß abspülen und die Schale fein abreiben. Den Saft auspressen.
3. Kartoffeln abgießen und kurz im Topf ausdämpfen lassen. Dann zweimal durch die Kartoffelpresse in den Topf drücken oder durch ein feines Sieb streichen. Milchmischung unterrühren und mit Salz abschmecken. Zitronensaft und -schale unterrühren. Dazu passen gebratene Garnelen

GEBRATENE GARNELEN

Für 4 Portionen | Zeit: 20 Minuten

Zutaten

12 Garnelen mit Kopf und Schale (à ca. 40 g)
1 Bio-Zitrone
4 Knoblauchzehen
4 EL Olivenöl
1 Zweig Rosmarin
Salz
Pfeffer
Chiliflocken
2 EL Butter

1. Garnelen schälen, dabei aber Köpfe und Schwanzspitze nicht entfernen. Garnelen am Rücken einschneiden, den Darm entfernen, kalt abspülen und trocken tupfen.
2. Zitronenschale in dünnen Streifen abschälen, Knoblauch andrücken.
3. Öl in einer Pfanne sehr stark erhitzen. Garnelen, Zitronenschale, Knoblauch und Rosmarin zugeben. Mit Salz, Pfeffer und 1 Prise Chiliflocken würzen und rundherum ca. 3 Minuten braten. Butter zugeben, durchschwenken und die Garnelen anrichten.

PELLKARTOFFELN MIT ZAZIKI

Für 4 Portionen | Zeit: 45 Minuten | vegetarisch

Zutaten

1 kg mittelgroße festkochende Kartoffeln
Salz
1 kleine Bio-Salatgurke
Zucker
4 Stiele Dill
½ Bund Schnittlauch
1 Knoblauchzehe
300 g griechischer Sahnejoghurt (10% Fett)
Pfeffer
1 TL getrockneter Oregano
3 EL Butter
200 g Schafskäse

1. Kartoffeln gründlich waschen und in kochendem Salzwasser 20–25 Minuten zugedeckt weich garen.
2. Inzwischen die Gurke würfeln, in einer Schüssel mit 1 Prise Salz und 1 Prise Zucker vermengen und 10 Minuten ziehen lassen. Dill fein hacken, Schnittlauch in feine Röllchen schneiden. Knoblauch durchpressen. Alles mit dem Joghurt mischen und mit Pfeffer und Oregano würzen. Gurkenwasser wegschütten, die Gurkenwürfel leicht ausdrücken und zum Joghurt geben.
3. Kartoffeln abgießen und etwas abkühlen lassen. Dann pellen.
4. Butter mit 1 Prise Salz und 1 Prise Zucker in einer Pfanne aufschäumen. 100 ml Wasser zugeben und etwas einkochen. Kartoffeln zugeben und bei mittlerer Hitze unter häufigem Schwenken 3–4 Minuten glasieren. Schafskäse zerbröseln.
5. Kartoffeln mit dem Joghurt und mit Schafskäse bestreut servieren.

GNOCCHI MIT SALBEIBUTTER

Für 4 Portionen | Zeit: 1 Stunde 15 Minuten | vegetarisch

Zutaten

600 g mehligkochende Kartoffeln
Salz
150 g Mehl
1 TL Speisestärke
Muskat
1 Ei (Größe M)
Mehl zum Bearbeiten
4 EL Butter
4 Stiele Salbei
70 g fein geriebener Parmesan
Pfeffer
Muskat

1 Kartoffeln gründlich waschen und in kochendem Salzwasser ca. 25 Minuten weich garen. Kartoffeln abgießen, 5 Minuten ausdämpfen lassen, pellen und zweimal durch die Kartoffelpresse in eine große Schüssel drücken. Mehl, Speisestärke, ½ TL Salz und Muskat zugeben und locker mit den Kartoffeln mischen. Ei zugeben und alles mit einem Kochlöffel zu einem geschmeidigen Teig vermengen.

2 Den Kartoffelteig vierteln und auf einer bemehlten Arbeitsfläche zu 4 ca. 20 cm langen Rollen formen. Diese in 1 cm breite Stücke schneiden. Die Stücke über die Zinken einer Gabel rollen und durch leichtes Drücken mit dem Daumen zu Gnocchi formen. Gnocchi mit etwas Mehl bestäuben und locker durchmischen, damit sie nicht zusammenkleben.

3 Reichlich Wasser in einem großen Topf aufkochen. Butter in einer großen Pfanne schmelzen. Salbei zugeben und in der Butter aufschäumen lassen. Kochwasser salzen, die Gnocchi hineingeben und bei mittlerer Hitze 2–3 Minuten garen.

4 100 ml Kochwasser zur Butter geben und den Parmesan bei kleinster Hitze nach und nach untermischen. Gnocchi mit einer Schaumkelle aus dem Kochwasser nehmen, kurz abtropfen lassen, in die Pfanne geben und 1–2 Minuten vorsichtig durchschwenken. Mit Salz, Pfeffer und Muskat würzen und sofort servieren.

KARTOFFEL-BULETTEN

Für 4 Portionen | Zeit: 45 Minuten | vegetarisch

Zutaten

450 g vorwiegend festkochende Kartoffeln (oder gegarte Pellkartoffeln vom Vortag)
Salz
200 g Champignons
1 Bund Frühlingszwiebeln
6 EL Olivenöl
100 g TK-Erbsen
Pfeffer
80 g Pankobrösel
1 Ei (Größe M)
grüner Salat mit Schmand-Zitronen-Dressing (siehe Rezept unten)

1 Kartoffeln schälen, in ca. 3 cm große Stücke schneiden und in kochendem Salzwasser 15–18 Minuten weich garen.

2 Inzwischen Pilze fein würfeln und Frühlingszwiebeln in dünne Ringe schneiden. 2 EL Öl in einer Pfanne erhitzen. Pilze darin 2–3 Minuten anbraten. Frühlingszwiebeln zugeben und 1–2 Minuten mitbraten. Erbsen zugeben und kurz mitbraten. Mit Salz und Pfeffer würzen und abkühlen lassen.

3 Kartoffeln abgießen, kurz abkühlen lassen und mit der Gabel oder einem Kartoffelstampfer mittelfein zerdrücken. 2–3 EL Panko und das Gemüse untermischen. Mit Salz und Pfeffer abschmecken. Aus dem Teig 8 Pattys formen.

4 Ei in einer Schale verquirlen. Panko auf einen Teller geben. Die Pattys erst durch das Ei ziehen und dann in den Pankobröseln wenden und leicht andrücken.

5 Restliches Öl in einer beschichteten Pfanne erhitzen und die Pattys darin 2–3 Minuten auf jeder Seite goldbraun braten. Auf Küchenpapier abtropfen lassen und mit grünem Salat servieren.

GRÜNER SALAT MIT SCHMAND-ZITRONEN-DRESSING

Für 4 Portionen | Zeit: 15 Minuten | vegetarisch

Zutaten

½ Kopfsalat
½ Friséesalat
150 g Schmand
2 EL Zitronensaft
1 EL Weißweinessig
Salz
Zucker

1 Salat waschen und trockenschleudern. Schmand, Zitronensaft und Essig verrühren und mit Salz und 1 Prise Zucker würzen. Salat mit dem Dressing vermengen und servieren.

KARTOFFEL-KROKANT

Für 4 Portionen | Zeit: 60 Minuten | vegetarisch

Zutaten
1 kg Drillinge (oder gegarte Drillinge vom Vortag)
Salz
5 Stiele glatte Petersilie
fein abgeriebene Schale von ½ Bio-Zitrone
500 ml neutrales Öl
80 g Mehl
3 Eier (Größe M)
120 g Semmelbrösel
Meersalz
Aioli ohne Ei (Rezept siehe unten)

1. Drillinge gründlich waschen und in kochendem Salzwasser 18–20 Minuten zugedeckt garen. Kartoffeln abgießen, vollständig abkühlen lassen und pellen.
2. Petersilie fein hacken und mit Zitronenschale mischen. Öl in einem Topf langsam erhitzen (auf ca. 175 °C).
3. Mehl, Eier und Semmelbrösel auf 3 Schalen verteilen. Eier verquirlen. Kartoffeln erst in Mehl wenden und überschüssiges Mehl abklopfen. Dann die Kartoffeln durch die Ei-Masse ziehen, in den Semmelbröseln wenden und diese leicht andrücken.
4. Die Kartoffeln portionsweise im heißen Öl goldbraun ausbacken und auf Küchenpapier abtropfen lassen. Kartoffeln mit der Petersilien-Mischung und Meersalz bestreuen und mit Aioli servieren.

Tipp: Das Öl abkühlen lassen und durch ein feines Sieb gießen. In eine trockene und saubere Flasche füllen. Das Öl kann noch mehrmals zum Frittieren verwendet werden.

AIOLI OHNE EI

Für 4 Portionen | Zeit: 5 Minuten | vegetarisch

Zutaten
50 ml zimmerwarme Milch
1–2 Knoblauchzehen
Salz
100 ml neutrales Öl
Pfeffer
Zitronensaft

1. Milch, Knoblauch und 1 Prise Salz in einen hohen Mixbecher geben. Mit dem Schneidstab pürieren. Öl unter ständigem Mixen nach und nach in einem sehr dünnen Strahl zugießen, bis eine cremige Aioli entstanden ist. Mit Salz, Pfeffer und 1 Spritzer Zitronensaft abschmecken.

KARTOFFELGRATIN

Für 4 Portionen | Zeit: 1 Stunde 20 Minuten

Zutaten

1 kg festkochende Kartoffeln
100 g Zwiebeln
2 Knoblauchzehen
5 EL Butter
150 ml Geflügelbrühe
250 ml Schlagsahne
250 ml Vollmilch
Salz
Pfeffer
Muskat

1 Backofen auf 200 °C (Ober-/Unterhitze) vorheizen. Zwiebeln und Knoblauch fein würfeln. 2 EL Butter in einem Topf erhitzen. Zwiebeln und Knoblauch darin glasig dünsten. Brühe zugeben und fast vollständig einkochen. Schlagsahne und Milch zugeben, aufkochen und mit dem Schneidstab fein pürieren. Kräftig mit Salz, Pfeffer und Muskat würzen und warmhalten.

2 Kartoffeln schälen und in dünne Scheiben schneiden. Eine Auflaufform mit 1 EL Butter fetten. Kartoffelscheiben hineinschichten und jede Schicht mit der Sahnemischung begießen. Restliche Butter in Flöckchen auf dem Gratin verteilen und im vorgeheizten Backofen auf der mittleren Schiene 50–60 Minuten backen.

3 Gratin aus dem Ofen nehmen, kurz ruhen lassen und als Beilage oder als Hauptgericht mit einem grünen Salat servieren.

DIE REZEPTE IN DIESEM BUCH SIND FÜR UNTERSCHIEDLICHE ALLTAGSSITUATIONEN GEMACHT.

SPECKKARTOFFELN

Für 4 Portionen | Zeit: 60 Minuten

Zutaten

600 g festkochende Kartoffeln
2 Zwiebeln
14 Scheiben Bacon
1 EL Olivenöl
4 EL Butter
100 ml Geflügelfond

1. Backofen auf 200 °C (Ober-/Unterhitze) vorheizen. Kartoffeln schälen, in dünne Scheiben schneiden und in kaltes Wasser legen.
2. Zwiebeln fein würfeln. 8 Scheiben Bacon in ca. 2 cm große Stücke schneiden. Öl in einer Pfanne erhitzen und Bacon darin anbraten. 1 El Butter und die Zwiebeln zugeben und glasig dünsten.
3. Kartoffeln im Sieb abtropfen lassen, mit Küchenpapier trocken tupfen, zugeben und kurz mitbraten. Mit Fond auffüllen und zugedeckt bei mittlerer Hitze 10 Minuten garen.
4. Eine Auflaufform (18 cm x 15 cm) mit 1 EL Butter einfetten. Kartoffeln hineinfüllen und mit dem restlichen Bacon und der restlichen Butter in Flocken belegen. Im vorgeheizten Backofen 20–25 Minuten auf der mittleren Schiene goldbraun backen.

SALAT MIT GRÜNEM DRESSING

Für 1 Kopfsalat | Zeit: 10 Minuten | vegetarisch

Zutaten

20 g gemischte Kräuter (z.B. glatte Petersilie, Basilikum, Schnittlauch, Dill, Estragon, Kerbel, Sauerampfer)
40 ml Milch
80 g Schmand
1–2 EL Zitronensaft
Salz
Pfeffer
Zucker
1 Kopfsalat

1. Kräuter grob hacken und in einem hohen Gefäß mit der Milch und der Hälfte vom Schmand mit dem Schneidstab fein pürieren. Restlichen Schmand und Zitronensaft untermischen und mit Salz, Pfeffer und 1 Prise Zucker abschmecken. Salat putzen, waschen, trockenschleudern und mit dem Dressing beträufelt servieren.

SÜSSKARTOFFELPÜREE

Für 4 Portionen | Zeit: 1 Stunde 30 Minuten | vegetarisch

Zutaten

1 kg Süßkartoffeln
5 EL Olivenöl
Salz
3 Knoblauchzehen
4 EL Mandelblättchen
40 g fein geriebener Parmesan

1 Backofen auf 160 °C (Umluft) vorheizen. Süßkartoffeln gründlich waschen, längs halbieren und auf einem mit Backpapier belegten Backblech verteilen. Mit 4 EL Öl beträufeln und salzen. Knoblauch ungeschält mit auf das Backblech geben. Im vorge- heizten Backofen 75 Minuten backen.

2 Mandelblättchen in einer Pfanne ohne Fett anrösten. Kartoffeln aus dem Ofen nehmen, das Fruchtfleisch mit einem Löffel aus der Schale lösen und in den Küchenmixer füllen. Knoblauch pellen und zugeben und alles fein pürieren. Die Hälfte vom Parmesan unterheben und mit Salz abschmecken.

KNUSPER-PARMESAN-KARTOFFELN

Für 4 Portionen | Zeit: 1 Stunde 10 Minuten | vegetarisch

Zutaten
800 g Drillinge
Salz
4 EL Olivenöl
80 g fein geriebener Parmesan
1 TL edelsüßes Paprikapulver
Estragon-Senf-Creme (Rezept auf Seite 48)

1. Kartoffeln gründlich waschen und in Salzwasser bei mittlerer Hitze 20 Minuten zugedeckt garen. Dann abgießen und auf einem mit Backpapier belegten Backblech verteilen.
2. Backofen auf 220 °C (Ober-/Unterhitze) vorheizen. Kartoffeln mithilfe eines Küchentuchs auf dem Blech vorsichtig flach drücken, mit dem Öl beträufeln und leicht salzen. Im vorgeheizten Backofen auf der mittleren Schiene 30–35 Minuten goldbraun backen.
3. Kartoffeln mit einem Pfannenwender vorsichtig vom Blech heben. Parmesan und Paprikapulver mischen und in kleinen Häufchen auf dem Backpapier verteilen. Die Kartoffeln auf die Parmesanhäufchen setzen und andrücken. Backofentemperatur auf 180 °C herunterschalten und die Kartoffeln weitere 8–10 Minuten backen, bis der Käse zerlaufen und goldgelb geworden ist.
4. Kartoffeln aus dem Ofen nehmen und kurz ruhen lassen. Dann sofort mit Estragon-Senf-Creme servieren.

Tipp: Funktioniert auch super mit gekochten Kartoffeln vom Vortag.

HACKSAUCE MIT KARTOFFELKNÖDELN

Für 4 Portionen | Zeit: 60 Minuten

Zutaten

10 g getrocknete Steinpilze
Salz
1 Stange Staudensellerie
2 Zwiebeln
2 Knoblauchzehen
1 kleine Möhre
3 EL Olivenöl
600 g Rinderhackfleisch
1 EL Tomatenmark
1 TL edelsüßes Paprikapulver
150 ml trockener Rotwein
½ TL getrockneter Majoran
1 Lorbeerblatt
500 ml Rinderfond
1–2 TL Speisestärke
1 EL Sojasauce
Pfeffer
Zucker
750 g Kartoffelkloßteig
1 Stiel glatte Petersilie
80 g Pankobrösel
2 EL weiche Butter

1. Pilze in der Küchenmaschine mit 1 Prise Salz fein mahlen. Sellerie, Zwiebel und 1 Knoblauchzehe fein würfeln. Möhre schälen und fein würfeln.
2. Öl in einem Topf erhitzen und Hackfleisch darin krümelig braten. Das gewürfelte Gemüse zugeben und 3–4 Minuten mitbraten. Dabei mit Salz würzen. Tomatenmark zugeben und unter Rühren 1 Minute anrösten. Mit Paprikapulver bestäuben und kurz mitrösten. Dann mit Wein ablöschen und unter Rühren einkochen. Steinpilzpulver, Majoran und Lorbeer dazugeben, mit dem Rinderfond auffüllen und 15–20 Minuten bei mittlerer Hitze einkochen lassen.
3. Die Sauce nach Belieben mit der in etwas kaltem Wasser angerührten Speisestärke binden. Sojasauce zugeben, mit Pfeffer und 1 Prise Zucker abschmecken und bei milder Hitze ziehen lassen.
4. Aus dem Kartoffelkloßteig 12 Klöße formen und nach Packungsanweisung in kochendem Salzwasser garen. Restlichen Knoblauch fein würfeln. Petersilie fein hacken.
5. Pankobrösel in einer Pfanne ohne Fett goldbraun rösten. Butter und Knoblauch zugeben und kurz mitrösten. Petersilie untermischen und alles auf einen Teller geben. Knödel mit der Schaumkelle einzeln aus dem Kochwasser heben und in den Bröseln wälzen.
6. Die Hacksauce mit den Knödeln anrichten und servieren.

KARTOFFEL-FOCACCIA

Für 4 Portionen | Zeit: 60 Minuten + 2 Stunden 45 Minuten Gehzeit | vegetarisch

Zutaten

350 g mehligkochende Kartoffeln
1 ½ TL Salz (ca. 7 g)
100 ml lauwarme Vollmilch
30 g frische Hefe
1 TL Zucker
500 g Mehl Typ 550
12 EL Olivenöl
Mehl zum Bearbeiten
2 Zweige Rosmarin
Meersalzflocken

1. 200 g Kartoffeln schälen und in kleine Würfel schneiden. Mit 500 ml Wasser und dem Salz in einen kleinen Topf geben und zugedeckt 10–12 Minuten weich garen. Kartoffeln in ein Sieb abgießen. Das Kochwasser dabei auffangen und 400 ml davon abmessen und abkühlen lassen. Kartoffeln durch die Kartoffelpresse drücken.
2. Hefe und Zucker in der lauwarmen Milch unter Rühren auflösen. Mehl in eine Schüssel füllen. Hefe-Milch, Kartoffelmasse, 300 ml Kochwasser und 3 EL Öl zugeben und mit den Händen oder in der Küchenmaschine zu einem glatten, elastischen Teig verkneten. Bei Bedarf etwas mehr von dem Kochwasser zugeben. Teig zu einer Kugel formen und in einer leicht geölten Schüssel an einem warmen Ort 1–2 Stunden gehen lassen, bis sich das Teigvolumen verdoppelt hat.
3. Ein tiefes Backblech mit 3 EL Öl fetten. Teig aus der Schüssel nehmen, kurz auf der bemehlten Arbeitsfläche durchkneten und auf das Backblech legen. Nochmals abgedeckt ca. 45 Minuten gehen lassen, bis sich das Teigvolumen verdoppelt hat. Den Teig mit geölten Händen auf dem Backblech in Form ziehen, mit 2 EL Öl beträufeln und leicht mit Mehl bestäuben.
4. Backofen auf 220 °C (Ober-/Unterhitze) vorheizen. Rosmarinnadeln abzupfen und fein hacken. Restliche Kartoffeln schälen, grob reiben, in ein Sieb geben und mit den Händen ausdrücken. Dann mit Rosmarin und 3 EL Olivenöl mischen, mit Meersalzflocken würzen und auf dem Teig verteilen.
5. Im vorgeheizten Backofen 20 Minuten backen. Dann die Temperatur auf 180 °C reduzieren und in 15–20 Minuten zu Ende backen. Focaccia aus dem Ofen nehmen, auf ein Brett stürzen, etwas abkühlen lassen und servieren.

FISCH

KABELJAU MIT FENCHELSALAT

Für 4 Portionen | Zeit: 40 Minuten

Zutaten

800 g Kabeljaufilet mit Haut, ohne Gräten
1 EL Fenchelsaat
1 Bio-Zitrone
1 große Fenchelknolle
4 EL Olivenöl
4 TL Butter
Meersalz
Pfeffer
1 TL Chiliflocken
80 ml trockener Weißwein
20 g Ingwer
2 EL brauner Zucker
150 ml frisch gepresster Orangensaft
1 TL rote Pfefferbeeren

1 Backofen auf 160 °C (Ober-/Unterhitze) vorheizen. Fisch trocken tupfen und in 4 Tranchen schneiden. Fenchelsaat im Mörser grob zerstoßen. Zitrone heiß abspülen und 1 EL Schale fein abreiben. Zitrone danach in Scheiben schneiden. Fenchel waschen und putzen. Das Fenchelgrün und die Abschnitte beiseitelegen.

2 Eine Auflaufform mit 2 EL Öl fetten. Fischstücke mit der Hautseite nach unten in die Form setzen. Mit je 1 TL Butter belegen und mit Salz, Pfeffer, Fenchelsaat, einer Prise Chiliflocken und Zitronenschale bestreuen. Fenchelabschnitte und Zitronenscheiben mit in die Form legen, Weißwein zugießen und mit einem Deckel oder mit Alufolie verschließen. Im vorgeheizten Backofen 15–20 Minuten garen.

3 Inzwischen Ingwer schälen und fein würfeln. Zucker in einer Pfanne schmelzen. Mit Orangensaft ablöschen, Ingwer zugeben und etwas einkochen. Dann umfüllen und abkühlen lassen. Pfefferbeeren im Mörser grob zerstoßen. Fenchel längs halbieren und in dünne Scheiben schneiden oder hobeln. Fenchel mit dem Orangendressing und dem restlichen Öl vermengen und mit Salz würzen.

4 Fisch aus dem Ofen nehmen und kurz zugedeckt ruhen lassen. Mit dem Fenchelsalat, dem Fenchelgrün und mit Pfefferbeeren bestreut servieren.

LACHS-SASHIMI

Für 4 Portionen | Zeit: 20 Minuten

Zutaten

1 ½ EL helle Sesamsaat
30 g Ingwer
1 Bund Schnittlauch
5 EL Sojasauce
3 EL Zitronensaft
1 Knoblauchzehe
400 g Lachsfilet, ohne Haut
100 g Butter
Pfeffer

1. Sesamsaat in einer Pfanne ohne Fett anrösten. Ingwer schälen, erst in dünne Scheiben, dann in sehr feine Streifen schneiden und in kaltes Wasser legen. Schnittlauch in feine Röllchen schneiden. Sojasauce und Zitronensaft verrühren. Knoblauch in dünne Scheiben schneiden.
2. Lachs in ca. 5 mm dünne Scheiben schneiden, auf Tellern anrichten und mit der Soja-Mischung beträufeln. Ingwer abtropfen lassen und auf dem Lachs verteilen.
3. Butter in einer Pfanne erhitzen. Knoblauch darin goldgelb braten. Die heiße Butter mit dem Knoblauch über den Lachs gießen. Mit Schnittlauch und Sesam bestreuen, pfeffern und sofort servieren.

BACKFISCH

Für 4 Portionen | Zeit: 35 Minuten

Zutaten

1 Bio-Zitrone
700 g Rotbarschfilet ohne Gräten, küchenfertig
4 Eier (Größe M)
100 g Mehl
150 g Semmelbrösel
Salz
Pfeffer
50 g Butterschmalz
400 ml neutrales Öl

1 Zitrone in Spalten schneiden. Fisch in 12 gleich große Stücke schneiden. Eier in einem tiefen Teller verquirlen. Auf einem Teller das Mehl und auf einem anderen die Semmelbrösel verteilen.

2 Fisch rundherum salzen, pfeffern und mit dem Saft von 1 Zitronenspalte beträufeln. Fisch zuerst im Mehl wenden, dann durch das Ei ziehen und mit den Semmelbröseln panieren.

3 Butterschmalz und Öl in einem Topf erhitzen. Fisch darin portionsweise 3–4 Minuten goldbraun ausbacken. Dann auf Küchenpapier abtropfen lassen und mit der Remoulade und den restlichen Zitronenspalten servieren.

REMOULADE

Für 4 Portionen | Zeit: 15 Minuten | vegetarisch

Zutaten

1 Ei (Größe M)
1 kleiner Apfel
1 kleine rote Zwiebel
½ Bund Schnittlauch
2 Stiele Estragon
4 EL Mayonnaise
4 EL Naturjoghurt (3,5 % Fett)
1 EL Weißweinessig
Salz
Pfeffer

1 Ei anpieken und in kochendem Wasser 8 Minuten garen. Dann abschrecken, pellen und fein hacken. Apfel und Zwiebel fein würfeln. Schnittlauch in feine Röllchen schneiden. Estragon fein hacken.

2 Mayonnaise und Joghurt verrühren. Essig und alle vorbereiteten Zutaten untermischen und mit Salz und Pfeffer würzen.

SEELACHS BORDELAISE

Für 4 Portionen | Zeit: 40 Minuten

Zutaten

500 g Kartoffeln
6 Knoblauchzehen
1 Zweig Rosmarin
4 EL Olivenöl
Salz
2 Stiele glatte Petersilie
½ Bund Schnittlauch
1 TL getrockneter Estragon
½ TL edelsüßes Paprikapulver
5–6 EL Semmelbrösel
Pfeffer
120 g weiche Butter
4 Stücke Seelachsfilet ohne Haut à ca. 200 g
1 Zitrone

1 Backofen auf 220 °C (Ober-/Unterhitze) vorheizen. Kartoffeln gründlich waschen und in ca. 5 mm dünne Scheiben schneiden. 2 Knoblauchzehen andrücken, Rosmarinnadeln abzupfen. Beides mit den Kartoffeln, Öl und Salz auf einem Backblech vermengen und im vorgeheizten Backofen 25 Minuten garen.

2 Restlichen Knoblauch und die Petersilie fein hacken. Schnittlauch in feine Röllchen schneiden. Alles mit Estragon, Paprikapulver, Semmelbröseln, ½ TL Salz und Pfeffer mit der weichen Butter vermengen. Die Butterkruste zischen 2 Stücken Klarsichtfolie auf ca. 15 cm x 15 cm ausrollen und 10 Minuten kaltstellen.

3 Seelachs salzen. Die Butterkruste in 4 Stücke schneiden und den Fisch mit je 1 Stück belegen. Ofentemperatur auf 200 °C reduzieren. Die Fischstücke auf den Kartoffeln verteilen und 10 Minuten garen. Zitrone vierteln.

4 Fisch und Kartoffeln mit den Zitronenspalten anrichten und servieren.

TINTEN-FISCH MIT MAIS-SALSA

Für 4 Portionen | Zeit: 25 Minuten

Zutaten
500 g Tintenfisch, küchenfertig geputzt und ausgenommen
1 frischer Maiskolben
2 Jalapeños
4 Knoblauchzehen
6 EL Olivenöl
2 EL Butter
Salz
Pfeffer

1 Tintenfisch kalt abspülen, in einem Sieb gut abtropfen lassen, in Stücke schneiden und auf Küchenpapier trocken tupfen. Die Maiskörner vom Kolben schneiden. Jalapeños und Knoblauch in Scheiben schneiden.
2 2 EL Öl in einer großen Pfanne erhitzen. Knoblauch, Mais und Jalapeños darin 2 Minuten scharf anbraten und herausnehmen.
3 Restliches Öl und Butter in der Pfanne erhitzen. Tintenfisch darin in zwei Portionen 1–2 Minuten scharf anbraten. Mais-Mischung und die erste Portion Tintenfisch zurück in die Pfanne geben und alles nochmals 1 Minute braten. Dabei mit Salz und Pfeffer würzen und dann sofort servieren.

HÄHNCHENEINTOPF MIT VONGOLE

Für 4 Portionen | Zeit: 1 Stunde 20 Minuten

Zutaten

1 kg Vongole (Venusmuscheln)
500 g ausgelöste Hähnchenkeulen mit Haut
Salz
4 Schalotten
3 Knoblauchzehen
½ Bio-Zitrone
1 Dose weiße Bohnen (400 g)
6 Stiele glatte Petersilie
5 EL Olivenöl
2 EL Butter
100 ml trockener Weißwein
Zucker
1 getrocknete Chilischote
2 Lorbeerblätter
400 ml Geflügelbrühe
Pfeffer

1. Muscheln sorgfältig putzen, dabei geöffnete und beschädigte Muscheln wegwerfen. Muscheln 1 Stunde in kaltes Wasser legen, dann in einem Sieb gut abtropfen lassen.
2. Hähnchenfleisch in ca. 3 cm große Würfel schneiden und mit Salz würzen. Schalotten und Knoblauch fein würfeln. Zitrone heiß abwaschen, längs halbieren und in dünne Scheiben schneiden. Bohnen in einem Sieb abtropfen lassen. Petersilie hacken.
3. 3 El Öl in einem Bräter erhitzen. Fleisch darin bei starker Hitze rundherum goldbraun braten und dann herausnehmen. Butter und restliches Öl in den Bräter geben und erhitzen. Schalotten und Knoblauch darin glasig dünsten. Fleisch zurück in den Bräter geben und kurz mitbraten. Mit Weißwein ablöschen und fast vollständig einkochen lassen.
4. 1 Prise Zucker, Chili, Lorbeer und Brühe zugeben und bei mittlerer Hitze 15 Minuten offen garen.
5. Muscheln, Bohnen, Zitronenscheiben und die Hälfte der Petersilie zugeben und zugedeckt 6–8 Minuten bei mittlerer Hitze garen. Zum Schluss die restliche Petersilie zugeben, mit Pfeffer würzen und servieren.

Bierschinken
Sardellenwurst
Spießbraten
Heidefrühstück
Schinkensülze
Cambozola
Bauernhofkäse
Aalrauch
Sardellenwurst
Geflügeljagdwurst
Truthahn Krak.Art.
Kalbsleberwurst
Hackbraten

FLEISCH

Zwiebel-mett
Wildschw.-Leberwurst
Champignon-pastete
Hausm. Leberwurst
Jagdwurst
Streichmett. m./Knobi
Fleisch-salat
Cornedbeef
Wiener
Bier-schinken
Mortadella

GEWÜRZHÄHNCHEN

Für 2–4 Portionen | Zeit: 60 Minuten

Zutaten

1 Hähnchenbrust am Knochen mit Haut (ca. 750 g)
½ TL gemahlener Koriander
1 EL edelsüßes Paprikapulver
1 EL Knoblauchpulver
12 TL getrockneter Thymian
Salz
Zucker
1 Bio-Orange
8 Schalotten
3 EL Butter

1 Backofen auf 200 °C Ober-/Unterhitze (Umluft 180 °C) vorheizen. Koriander, Paprikapulver, Knoblauchpulver und Thymian mit 1 TL Salz und 1 TL Zucker mischen. Orange heiß abwaschen und in Scheiben schneiden. Schalotten schälen. Eine Auflaufform mit 1 EL Butter fetten. Orangenscheiben und Schalotten darin verteilen.

2 Die Hähnchenbrust rundherum mit der Gewürzmischung bestreuen, Gewürze mit den Händen leicht einmassieren und das Fleisch in die Auflaufform setzen. Die restliche Butter in Flöckchen auf der Hähnchenbrust verteilen und im vorgeheizten Backofen auf der mittleren Schiene 40–45 Minuten garen.

3 Die Hähnchenbrust aus dem Backofen nehmen, kurz ruhen lassen und sofort servieren. Dazu passen Kartoffelpüree oder Salat.

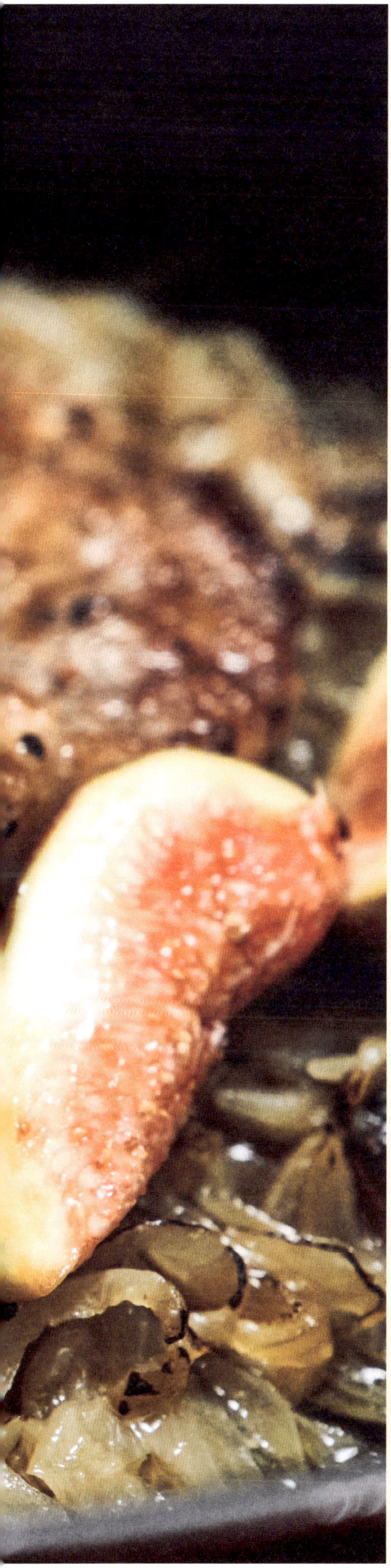

NACKENSTEAK MIT SCHMORZWIEBELN UND FEIGEN

Für 2–4 Portionen | Zeit: 45 Minuten

Zutaten

2 Nackensteaks (à ca. 350 g)
500 g Zwiebeln
6 EL Olivenöl
2 EL Butter
1 TL Zucker
80 ml Geflügelbrühe
2 EL alter Balsamessig
Salz
Pfeffer
2 EL Zitronensaft
4 Feigen
2 Knoblauchzehen
6 Stiele Thymian

1 Zwiebeln in feine Streifen schneiden. 3 EL Öl und die Butter in einer Pfanne erhitzen und die Zwiebeln darin bei mittlerer Hitze 10 Minuten schmoren. Zucker und Brühe zugeben und weitere 5–6 Minuten goldbraun schmoren. Mit 1 EL Balsamessig, Salz und Pfeffer abschmecken und warmhalten.
2 2 EL Öl mit Zitronensaft verrühren. Feigen längs vierteln und mit dem Dressing mischen.
3 Steaks rundherum mit Salz und Pfeffer würzen. Knoblauchzehen andrücken. Restliches Öl in einer Pfanne erhitzen und die Steaks darin 5–6 Minuten auf jeder Seite braten. Knoblauch und Thymian nach dem Wenden der Steaks in die Pfanne geben und mitbraten.
4 Fleisch mit Schmorzwiebeln und Feigen anrichten und mit dem restlichen Balsamessig beträufelt servieren.

HÄHNCHEN À LA ECKART

Für 4 Portionen | Zeit: 1 Stunde 30 Minuten

Zutaten

1 Perlhuhn oder Brathähnchen
Salz
Pfeffer
500 g Tomaten
2 Zwiebeln
4 Knoblauchzehen
4 EL Olivenöl
1 EL Butter
100 ml trockener Weißwein
1 EL Tomatenmark
1 TL Senf
2 Lorbeerblätter
4 Stiele Estragon
200 ml Geflügelfond
250 ml Sahne

1. Hähnchenbrüste auslösen und quer halbieren. Keulen und Flügel auslösen und im Gelenk halbieren (oder vom Metzger vorbereiten lassen). Fleisch mit Salz und Pfeffer würzen.
2. Stielansätze der Tomaten herausschneiden. Tomaten in kochendem Salzwasser 1 Minute blanchieren, kalt abschrecken und häuten. Tomaten vierteln, entkernen und grob hacken.
3. Backofen auf 180 °C (Ober-/Unterhitze) vorheizen. Zwiebeln und Knoblauch fein würfeln. 2 EL Öl in einem ofenfesten Bräter erhitzen. Die Hähnchenbruststücke darin 4–5 Minuten rundherum anbraten und herausnehmen. Dann die restlichen Hähnchenteile bei mittlerer Hitze 6–8 Minuten rundherum anbraten und herausnehmen.
4. Butter und 2 EL Öl in den Bräter geben und erhitzen. Zwiebeln und Knoblauch darin glasig dünsten. Mit Weißwein ablöschen und fast vollständig einkochen. Tomatenmark, Senf, Lorbeer, 2 Stiele Estragon und die gehackten Tomaten zugeben und mit Geflügelfond und Sahne auffüllen. Mit Salz abschmecken.
5. Geflügelteile im Bräter verteilen und im vorgeheizten Backofen 30 Minuten zugedeckt schmoren. Dann den Deckel entfernen und weitere 15–20 Minuten zu Ende garen.
6. Restlichen Estragon fein hacken und untermischen. Mit Salz, Pfeffer und 1 Prise Zucker abschmecken und servieren.

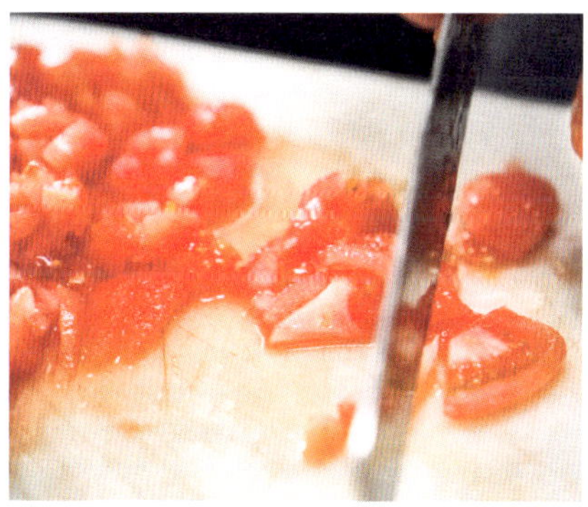

Tipp: Die Karkasse mit der Geflügelschere zerkleinern und mit 1 Prise Salz und kaltem Wasser bedeckt aufkochen. Bei mittlerer Hitze 60 Minuten köcheln lassen. Die Brühe um knapp die Hälfte einkochen lassen und durch ein Sieb passieren. Brühe z.B. für dieses Gericht verwenden oder portionieren und einfrieren.

LAMB CHOPS MIT APRIKOSEN-SALAT

Für 2–4 Portionen | Zeit: 30 Minuten

Zutaten

12 Lammkoteletts
6 Aprikosen
2 Stangen Staudensellerie
1 kleine rote Zwiebel
1 Jalapeño
4 Stiele Koriander
Saft von 1 Zitrone
4 EL Olivenöl
Meersalzflocken
Zucker
½ TL getrockneter Thymian
1 EL edelsüßes Paprikapulver
½ TL Knoblauchpulver
Pfeffer
1 EL Butter

1 Aprikosen vierteln und den Stein entfernen. Sellerie in dünne Scheiben schneiden. Zwiebel fein würfeln. Jalapeño nach Belieben entkernen und fein würfeln. Koriander mit den zarten Stielen fein hacken. Zitronensaft mit 2 El Olivenöl verrühren und mit Meersalz und 1 Prise Zucker würzen. Koriander untermischen.

2 Thymian, Paprikapulver, Knoblauchpulver, 1 TL Salz und 1 Prise Pfeffer mischen. Das Fleisch damit bestreuen und leicht andrücken.

3 2 EL Öl in einer großen Pfanne erhitzen. Butter zugeben und aufschäumen lassen. Die Lammkoteletts darin bei starker Hitze portionsweise 3 Minuten auf jeder Seite braten. Aprikosen mit dem Dressing vermengen und mit den Koteletts servieren.

GINGER CHICKEN

Für 4 Portionen | Zeit: 1 Stunde 40 Minuten

Zutaten

50 g Ingwer
1 Bio-Zitrone
Salz
100 ml Apfelsaft
6 entbeinte Hähnchenkeulen mit Haut
2 EL helle Sesamsaat
1 kleine reife Ananas (ca. 750 g)
2 EL Olivenöl
1–2 EL Sojasauce

1 Ingwer schälen und fein reiben. Zitronenschale fein abreiben und den Saft der Zitrone auspressen. Alles mit 1 TL Salz und Apfelsaft verrühren und mit den Hähnchenkeulen in einen Gefrierbeutel geben. Die Luft herausdrücken, Beutel verschließen und 1 Stunde kaltstellen.

2 Backofen auf 200 °C (Ober-/Unterhitze) vorheizen. Sesamsaat in einer Pfanne ohne Fett anrösten. Ananas vierteln und den harten Strunk entfernen. Fruchtfleisch 5 mm groß würfeln. Olivenöl in einer Pfanne erhitzen. Ananas darin scharf anbraten. Sesamöl zugeben, salzen und aus der Pfanne nehmen.

3 Hähnchenkeulen aus der Marinade nehmen, trocken tupfen und mit der Hautseite nach oben auf einem mit Backpapier belegten Backblech verteilen. Im vorgeheizten Backofen auf der mittleren Schiene 30–35 Minuten goldbraun backen. In den letzten 3–4 Minuten den Backofengrill zuschalten, damit die Haut schön knusprig wird.

4 Fleisch aus dem Ofen nehmen und den Bratensaft vom Blech zur Ananas geben. Ananas mit Sojasauce würzen, mit Sesam bestreuen und mit den Hähnchenkeulen anrichten.

SCHWEINE-STIELKOTELETTS

Für 2–4 Portionen | Zeit: 30 Minuten

Zutaten
4 Knoblauchzehen
2 Schweine-Stielkoteletts (à 500 g)
Salz
Pfeffer
1 EL Olivenöl
2 Zweige Rosmarin
1 EL Butter

1 Backofen auf 160 °C (Ober-/Unterhitze) vorheizen. Knoblauchzehen andrücken. Den Fettrand der Koteletts kreuzweise einritzen und das Fleisch rundherum mit Salz und Pfeffer würzen. Öl in einer schweren Pfanne erhitzen. Koteletts darin nacheinander zuerst 2 Minuten auf dem Fettrand bei starker Hitze braten. Dann von allen Seiten scharf anbraten, Knoblauch und Rosmarin zugeben und mitbraten.
2 Fleisch, Knoblauch und Rosmarin in eine Auflaufform geben und mit dem Bratfett begießen. Butter in Flöckchen auf dem Fleisch verteilen und im vorgeheizten Backofen 10–15 Minuten garen. Fleisch kurz ruhen lassen und mit dem Erbsenpüree (Rezept siehe unten) servieren.

ERBSENPÜREE

Für 2–4 Portionen | Zeit: 20 Minuten | vegetarisch

Zutaten
2 Stiele Minze
1 Knoblauchzehe
1 Zwiebel
3 EL kalte Butter
400 g TK-Erbsen
200 ml Schlagsahne
Salz, Pfeffer
Saft von ½ Limette

1 Minzblätter abzupfen. Knoblauch und Zwiebel fein würfeln und in 2 EL Butter glasig dünsten. Erbsen und Sahne zugeben und 4 Minuten köcheln lassen. Dabei mit Salz und Pfeffer würzen.
2 Alles mit Minze, Limettensaft und der restlichen Butter in der Küchenmaschine sehr fein pürieren. Mit Salz abschmecken und zu den Koteletts servieren.

RAHMGESCHNETZELTES VOM KALB

Für 4 Portionen | Zeit: 30 Minuten

Zutaten

400 g Champignons
1 Zwiebel
1 Bund Schnittlauch
400 g Schlagsahne
500 g Kalbsgeschnetzeltes aus der Keule
50 g Mehl
5 EL neutrales Öl
2 EL Butter
Salz
Pfeffer
100 ml trockener Weißwein
1 Spritzer Zitronensaft

1 Champignons putzen und je nach Größe vierteln oder halbieren. Zwiebel fein würfeln. Schnittlauch in feine Röllchen schneiden. Sahne halbsteif schlagen. Fleisch in Streifen schneiden und in Mehl wenden.

2 3 EL Öl und 1 EL Butter in einer großen beschichteten Pfanne erhitzen. Fleisch darin in 2 Portionen 2–3 Minuten bei starker Hitze hellbraun anbraten. Mit Salz würzen und herausnehmen. 2 EL Öl und 1 EL Butter in die Pfanne geben und erhitzen. Champignons und Zwiebeln darin 5 Minuten braten. Dabei mit Salz und Pfeffer würzen. Weißwein und 100 ml Wasser zugeben und 4–5 Minuten einkochen lassen. Das Fleisch und ⅔ der Sahne zugeben und 2–3 Minuten kochen lassen.

3 Die Pfanne vom Herd nehmen, mit Zitronensaft und Salz abschmecken und die restliche Sahne unterheben.

4 Mit Schnittlauch bestreuen und sofort servieren.

RÖSTI

Für 4 Portionen | Zeit: 40 Minuten | vegetarisch

Zutaten

800 g vorwiegend festkochende Kartoffeln
Salz
Pfeffer
Muskat
6 EL Butterschmalz

1 Kartoffeln schälen, grob raspeln und in einem Küchentuch gut ausdrücken. Mit Salz, Pfeffer und 1 Prise Muskat würzen.

2 Butterschmalz in einer beschichteten Pfanne erhitzen. Kartoffelmasse nach und nach in Häufchen hineingeben, zu Rösti formen und auf jeder Seite 5–6 Minuten goldbraun braten. Dabei nur einmal wenden. Rösti auf Küchenpapier abtropfen lassen und im heißen Ofen bei 100 °C (Ober-/Unterhitze) warmhalten, bis das Geschnetzelte servierfertig ist.

PANIERTE KALBSLEBER MIT ROSENKOHL-APFEL-GEMÜSE

Für 4 Portionen | Zeit: 35 Minuten

Zutaten

600 g Rosenkohl
Salz
2 Äpfel
2 Eier (Größe M)
60 g Mehl
140 g Semmelbrösel
4 Scheiben Kalbsleber (à ca. 130 g)
2 EL Butter
40 g Pinienkerne
4 EL Rosinen
1 Prise Kurkuma
Pfeffer
150 g Butterschmalz

1. Rosenkohl putzen und je nach Größe ganz lassen oder halbieren. In kochendem Salzwasser 6 Minuten garen, in ein Sieb abgießen und abschrecken. Äpfel in Spalten schneiden und das Kerngehäuse entfernen.
2. Eier in einem Teller verquirlen. Auf einem zweiten Teller das Mehl und auf einem dritten die Semmelbrösel verteilen. Leber erst in Mehl wenden, dann durch das Ei ziehen und zum Schluss mit den Semmelbröseln panieren und leicht andrücken.
3. 2 EL Butter in einer Pfanne erhitzen. Äpfel darin kurz anbraten. Rosenkohl, Pinienkerne, Rosinen und Kurkuma zugeben und 4–5 Minuten bei mittlerer Hitze braten. Mit Salz und Pfeffer würzen und warmhalten.
4. Butterschmalz in einer großen Pfanne erhitzen, die Leber darin portionsweise 3–4 Minuten auf jeder Seite goldbraun ausbacken. Dann auf Küchenpapier abtropfen lassen und im heißen Ofen bei 100 °C (Ober-/Unterhitze) warmhalten.
5. Leber mit Salz würzen und mit dem Rosenkohlgemüse servieren.

ENTRECÔTE

Für 2 Portionen | Zeit: 10 Minuten plus Temperierzeit

Zutaten

1 Entrecôte (à ca. 400 g)
1 EL Olivenöl
Meersalzflocken
Pfeffer
2 Knoblauchzehen
5 Stiele Thymian
1 Zweig Rosmarin
2 EL Butter

1. Das Fleisch 2 Stunden vor der Zubereitung aus dem Kühlschrank nehmen und abgedeckt Raumtemperatur annehmen lassen.
2. Den Backofen auf 80 °C (Ober-/Unterhitze) vorheizen. Ein Backblech auf die unterste Schiene stellen, um den Fleischsaft aufzufangen.
3. Das Entrecôte auf ein Ofengitter legen und im vorgeheizten Backofen auf der mittleren Schiene ca. 30 Minuten temperieren.
4. Fleisch herausnehmen, mit 1 EL Olivenöl beträufeln und mit Salz und Pfeffer würzen. Knoblauchzehen andrücken. Eine Pfanne sehr stark erhitzen. Das Entrecôte auf jeder Seite 2–3 Minuten scharf anbraten. Kräuter, Butter und Knoblauch nach dem Wenden in die Pfanne geben und mitbraten. Fleisch danach kurz ruhen lassen und servieren.

Tipp: Funktioniert genauso mit 400 g Rinderfilet oder Roastbeef.

PFIRSICH-SALSA

Für 4 Portionen | Zeit: 15 Minuten | vegan

Zutaten

4 Weinbergpfirsiche
1 Mini-Gurke
1 rote Zwiebel
1 Jalapeño
4 Stiele Koriander
3 EL Olivenöl
Saft von 1 Limette
Salz
Zucker

1. Weinbergpfirsiche halbieren, den Stein entfernen und fein würfeln. Gurke und Zwiebel fein würfeln. Jalapeño halbieren, nach Belieben entkernen und fein würfeln. Koriander fein hacken.
2. Alles mit Öl und Limettensaft mischen und mit Salz und 1 Prise Zucker würzen. Passt zu gebratenem Fleisch und Fisch.

TAFELSPITZ MIT ROTER BETE

Für 4 Portionen | Zeit: 25 Minuten + 2 Stunden und 20 Minuten Garzeit

Zutaten

3 Möhren
150 g Sellerieknolle
1 Lauch
1,4 kg Tafelspitz
3 Stiele glatte Petersilie
3 Lorbeerblätter
2 Zweige Thymian
Sternanis
3 Nelken
4 Pimentkörner
Salz
400 g junge Rote Bete
250 ml klarer Apfelsaft
1 Apfel
3 Stiele Dill
1 Stück frische Meerrettichwurzel

1. Backofen auf 220 °C (Ober-/Unterhitze) vorheizen. Möhren und Sellerie schälen. Lauch putzen, waschen und quer in 3 Stücke schneiden. Fleisch auf dem Fettdeckel kreuzweise einschneiden (dabei möglichst nicht ins Fleisch schneiden). Alles mit Petersilie, Lorbeer, Thymian, Sternanis, Nelken, Piment und 1 EL Salz in einen Topf geben und knapp mit Wasser bedecken. Den Tafelspitz bei mittlerer Hitze aufkochen. Dann mit Deckel bei milder Hitze ca. 2 Stunden weich garen. Vom Herd nehmen und weitere 20 Minuten ziehen lassen.
2. In der Zwischenzeit die Rote Bete waschen und auf ein Backblech legen. Im vorgeheizten Backofen 45 Minuten weich garen. Anschließend abkühlen lassen, schälen und in Spalten schneiden.
3. Nach Ende der Garzeit 800 ml Tafelspitzfond abmessen und mit dem Apfelsaft in einen Topf geben. Gemüse herausnehmen und in ca. 1 cm breite Stücke schneiden. Apfel schälen, vierteln, entkernen und in Spalten schneiden. Gemüse, Rote Bete, Apfel und 1 Stiel Dill in den abgemessenen Fond geben und 5 Minuten bei mittlerer Hitze köcheln lassen. Dabei mit Salz würzen.
4. Restliche Dillspitzen abzupfen. Tafelspitz gegen die Faser in Scheiben schneiden und in tiefen Tellern anrichten. Fond und Gemüse auf die Teller verteilen und mit Dill und frisch geriebenem Meerrettich bestreut servieren.

Gartest: Mit einer Rouladennadel oder einer Fleischgabel in das Fleisch stechen. Lässt sich die Nadel oder die Gabel locker und ohne Widerstand herausziehen, ist der Tafelspitz fertig.

SÜSSES & DESSERT

EINFACHES TIRAMISU

Für 8 Portionen | Zeit: ca. 20 Minuten plus 20 Minuten Kühlzeit | vegetarisch

Zutaten

200 ml starker Espresso
250 g Magerquark
250 g Mascarpone
200 g Schlagsahne
80 g Puderzucker
1 TL Vanillepaste
100 ml Amaretto
16 Löffelbiskuits
3–4 TL Kakaopulver

1 Espresso aufbrühen und etwas abkühlen lassen.

2 Für die Creme Quark, Mascarpone, Sahne, Puderzucker, Vanillepaste, 2 EL Espresso und 2 EL Amaretto mit den Quirlen des Handrührers cremig aufschlagen. Die Creme in einen Spritzbeutel füllen und 20 Minuten kaltstellen.

3 Restlichen Espresso und Amaretto in einer Schale mischen. Biskuits darin tränken und je 2 Stück nebeneinander auf 8 Tellern verteilen. Mascarponecreme auf die Biskuits spritzen. Mit Kakao bestreuen und sofort servieren.

MARSHMALLOW-BROWNIES

Für 16 Stück | Zeit: 35 Minuten plus Zeit zum Abkühlen | vegetarisch

Zutaten

100 g Marshmallows (am besten Barbecue-Marshmallows)
300 g Zartbitterschokolade
200 g Butter
3 Eier (Größe M)
150 g brauner Zucker
¼ TL Salz
80 g Mehl
2 EL Kakao
1 TL Backpulver

1 Den Backofen auf 180 °C (Ober-/Unterhitze) vorheizen. Eine eckige Backform 18x25 cm (oder eine Auflaufform) gut fetten.

2 Marshmallows halbieren. Schokolade hacken, mit der Butter in einen Topf geben und langsam bei milder Hitze schmelzen. Etwas abkühlen lassen.

3 Eier, Zucker und Salz mit den Quirlen des Handrührers 5 Minuten cremig aufschlagen. Schokobutter unter Rühren in die Eimasse gießen. Mehl, Kakao und Backpulver mischen, zur Ei-Schokomasse geben und nur kurz unterrühren.

4 Die Hälfte vom Teig in die Backform streichen. ⅔ der Marshmallows drauflegen. Dann den restlichen Teig darüber schichten. Mit den übrigen Marshmallows belegen und sie in den Teig drücken. Im heißen Ofen auf der 2. Schiene von unten ca. 25–30 Minuten backen. Der Teig soll innen noch weich sein. In der Form auf einem Gitter abkühlen lassen, danach in 16 Stücke schneiden.

SCHOKO-ERDNUSS-COOKIES

Für ca. 20 Stück | Zeit: 30 Minuten | vegetarisch

Zutaten

150 g weiche Butter
100 g brauner Zucker
1 TL Vanillepaste
¼ TL Salz
1 Ei (Größe M)
200 g Mehl
1 TL Backpulver
150 g Schoko-Erdnuss-Riegel
100 g Zartbitter-Schokotropfen oder gehackte Zartbitter-Schokolade

1 Backofen auf 180 °C (Ober-/Unterhitze) vorheizen. Butter, braunen Zucker, Vanillepaste und Salz mit den Quirlen des Handrührers 5 Minuten cremig rühren. Dann das Ei gut unterrühren.

2 Mehl und Backpulver mischen und nur kurz unter die Butter-Zucker-Masse rühren.

3 Die Schoko-Erdnuss-Riegel grob hacken und mit den Schokotropfen unter den Teig mischen.

4 Aus dem Teig mit einem kleinen Eisportionierer oder 2 Esslöffeln ca. 20 Portionen abstechen, zu Kugeln formen und mit Abstand auf 2 Bleche mit Backpapier setzen.

5 Die Bleche nacheinander im vorgeheizten Ofen auf der mittleren Schiene 11–12 Minuten backen. Die Cookies sollen am Rand goldbraun und in der Mitte noch etwas weich sein. Auf den Blechen abkühlen lassen.

Tipp: Wenn man jederzeit frisch gebackene Cookies haben möchte, kann man die rohen Teigkugeln auch einfrieren. Dann einfach die gewünschte Zahl aus dem Tiefkühler nehmen, Backofen auf 180 °C (Ober-/Unterhitze) vorheizen und die gefrorenen Cookies auf einem mit Backpapier belegten Blech auf der mittleren Schiene 15–16 Minuten backen.

GRIESSFLAMMERI BRÛLÉE

Für 4 Portionen | Zeit: ca. 15 Minuten plus Abkühlzeit | vegetarisch

Zutaten

1 Bio-Orange
425 ml Milch
1 Prise Salz
4 EL Zucker
1 TL Vanillepaste
80 g Weichweizengrieß
1 Ei (Größe M)
4 EL brauner Zucker

1. Von der Orange 1 TL Schale fein abreiben und anschließend 4 EL Saft auspressen.
2. Milch, Salz, 2 EL Zucker, Orangenschale und Vanillepaste zusammen aufkochen. Grieß unter Rühren dazugeben und aufkochen, dann bei milder Hitze 5 Minuten quellen lassen. Dabei mehrfach umrühren.
3. Das Ei trennen. Den Orangensaft und das Eigelb unter den Grieß rühren. Eiweiß steif schlagen, dabei 2 EL Zucker einrieseln lassen und 1–2 Minuten weiterschlagen. Eiweiß unter den Grießbrei heben. Masse in 4 hitzebeständige Gläser füllen und lauwarm abkühlen lassen.
4. Den braunen Zucker auf die Grießflammeri streuen und mit einem Bunsenbrenner karamellisieren.

FRESH
ICE

COOL POP

ZITRONEN-CHEESECAKE IM GLAS

Für 4 Gläser | Zeit: 25 Minuten plus 4 Stunden Kühlzeit | vegetarisch

Boden

40 g Butter
100 g Vollkorn-Butterkekse

Creme

2 Bio-Zitronen
200 g Konditorsahne
1 Pk. Sahnesteif
1 Pk. Vanillezucker
240 g Doppelrahm-Frischkäse
200 g Magerquark
80 g Puderzucker
200 g Blaubeeren
100 g Lemon Curd

1. Die Butter in einem Topf schmelzen. Die Butterkekse in einen Gefrierbeutel geben und mit einem Nudelholz zerdrücken oder kurz im Mixer zerkleinern. Die Brösel mit der geschmolzenen Butter mischen. Die Masse auf 4 Gläser verteilen, andrücken und kaltstellen.
2. Von den Zitronen die Schale abreiben und 80 ml Saft auspressen. Sahne mit Sahnesteif und Vanillezucker steif schlagen. Frischkäse, Quark, Puderzucker, Zitronenschale und -saft zugeben und mit den Quirlen des Handrührers 2 Minuten gut unterrühren.
3. Zuerst die Blaubeeren und dann die Creme auf den Keksboden in die Gläser füllen. Lemon Curd glatt rühren, auf der Creme verstreichen und mindestens 4 Stunden kaltstellen.

KÄSEKUCHEN

Für 16 Stücke | Zeit: ca. 75 Minuten plus Kühlzeit | vegetarisch

Boden

200 g Mehl
1 TL Backpulver
75 g Puderzucker
100 g Butter, zimmerwarm
1 Ei (Größe M)
1 Prise Salz

Quarkmasse

125 g Butter
500 g Magerquark
2 Eier (Größe M)
1 PK. Vanille-Puddingpulver
160 g Zucker
2 TL abgeriebene Bio-Zitronenschale
1 EL Zitronensaft
2 TL Vanillepaste
250 ml Milch
250 ml Schlagsahne

außerdem

Fett für die Form
Puderzucker zum Bestäuben

1. Für den Boden Mehl, Backpulver, Puderzucker, Butter in Stückchen, Ei und Salz mit den Knethaken des Handrührers zu einem glatten Teig verkneten. Eine Springform (26 cm Ø) fetten. Teig in die Form geben, mit bemehlten Händen gleichmäßig auf den Boden der Form drücken und einen ca. 3 cm hohen Rand formen. Springform kaltstellen.
2. Den Backofen auf 180 °C (Ober-/Unterhitze) vorheizen. Für die Quarkmasse Butter in einem Topf bei milder Hitze schmelzen. In einer großen Schüssel Quark, Eier, Puddingpulver, Zucker, Zitronenschale, Zitronensaft, Vanillepaste, Milch und Sahne mit einem Schneebesen gut verrühren. Dann die geschmolzene Butter unter Rühren zugeben. Die Masse ist recht flüssig.
3. Quarkmasse auf den Teigboden in die Springform geben und im vorgeheizten Backofen auf der untersten Schiene 60 Minuten backen.
4. Nach der Backzeit den Kuchen im ausgeschalteten Ofen bei leicht geöffneter Tür 30 Minuten abkühlen lassen. Dann in der Form auf einem Gitter vollständig abkühlen lassen. Kuchen aus der Form lösen und mit Puderzucker bestäubt servieren.

RHABARBER-STREUSEL-BECHERKUCHEN

Für ca. 20 Stücke | Zeit: 45 Minuten | vegetarisch

Belag
800 g Rhabarber

Streusel
200 g Marzipan-Rohmasse
150 g Mehl
50 g Zucker
100 g Butter

Teig
2 Becher Schmand (à 200 g)
2 Becher Zucker
4 Eier (Größe M)
3 Becher Mehl
4 TL Backpulver
geschlagene Sahne zum Servieren

1 Den Backofen auf 190 °C (Ober-/Unterhitze) vorheizen. Rhabarber putzen und in 2–3 cm lange Stücke schneiden.
2 Für die Streusel Marzipan raspeln. Marzipan, Mehl, Zucker und Butter in kleinen Stücken zuerst mit den Knethaken dann mit den Händen zu Streuseln verkneten. Streusel kaltstellen.
3 Für den Teig 2 Becher Schmand in eine Schüssel geben. Einen Becher auswaschen und als Maß verwenden.
4 Schmand und Zucker mit den Quirlen des Handrührers 3–4 Minuten cremig aufschlagen. Die Eier nacheinander gut unterrühren. Mehl und Backpulver mischen und nur kurz auf langsamster Stufe unterrühren. Dann den Teig auf ein gefettetes Blech streichen.
5 Mit dem Rhabarber belegen und die Streusel darüber streuen. Im vorgeheizten Backofen auf der zweiten Schiene von unten 25–30 Minuten backen. Den Kuchen am besten warm mit geschlagener Sahne servieren.

Tipp: Den Rhabarber kann man durch Kirschen, Johannisbeeren oder Zwetschgen ersetzen.

CRÈME CHANTILLY MIT BEEREN

Für 4 Portionen | Zeit: 10 Minuten plus 20 Minuten Kühlzeit | vegetarisch

Zutaten

1 Vanilleschote
500 ml Schlagsahne
500 g gemischte Beeren (Blaubeeren, Himbeeren, Erdbeeren, Johannisbeeren)
4 Cantuccini
100 g Puderzucker
1 Pk. Sahnesteif

1. Vanilleschote längs aufschlitzen und das Mark herauskratzen. Schlagsahne, Vanillemark und die ausgekratzte Schote in eine Rührschüssel geben und 20 Minuten abgedeckt kaltstellen.
2. Inzwischen die Beeren verlesen, waschen, in einem Sieb abtropfen lassen und - je nach Sorte - klein schneiden. Cantuccini grob hacken.
3. Vanilleschote aus der Sahne entfernen. 80 g Puderzucker und Sahnesteif in die Sahne geben und mit den Quirlen des Handrührgerätes steif schlagen. Sahne nochmals abgedeckt kaltstellen und erst kurz vor dem Servieren aus dem Kühlschrank nehmen. Crème Chantilly mit den Beeren anrichten und mit den Cantuccini und dem restlichen Puderzucker bestreut servieren.

WALDMEISTER-WACKELPUDDING

Für 4 Portionen | Zeit: 15 Minuten plus Kühlzeit über Nacht

Zutaten

50 g frischer Waldmeister
2–3 Bio-Limetten
100 g Zucker
5 Blatt weiße Gelatine
300 ml klarer Apfelsaft
grüne Speisefarbe (optional)
150 ml Schlagsahne

1. Waldmeister auf einem Blech ausbreiten und über Nacht antrocknen lassen. So entfaltet er seinen Geschmack. Wer nicht so viel Zeit hat, kann den Backofen auf 120 °C (Umluft) vorheizen und den Waldmeister darin 20–30 Minuten antrocknen lassen.
2. Von 1 Limette 1 TL Schale dünn abreiben und aus allen Limetten insgesamt 50 ml Saft auspressen.
3. 150 ml Wasser, Zucker und Limettensaft aufkochen und offen 2–3 Minuten zu einem klaren Sirup einkochen. Limettenschale zugeben. Waldmeister in eine Schüssel geben, mit dem Sirup übergießen und 60 Minuten durchziehen lassen.
4. Gelatine in reichlich kaltem Wasser einweichen. Sirup durch ein feines Sieb gießen. Mit dem Apfelsaft verrühren. 2 EL der Mischung erwärmen, die ausgedrückte Gelatine darin auflösen und unter die restliche Waldmeistermischung rühren.
5. In 4 Gläser füllen und abgedeckt über Nacht kaltstellen.
6. Die Sahne leicht steif schlagen, auf die Gläser verteilen und servieren.

Tipp: Selbst gemachter Waldmeistersirup ist hellgolden und nicht grünlich, wie der gekaufte Sirup. Für den grünen Effekt kann man ein paar Tropfen Speisefarbe unter die Saftmischung rühren, nachdem man die Gelatine darin aufgelöst hat.

SENF
A
A

REGISTER A–Z

REZEPTREGISTER

FRÜHSTÜCK

BELEGTE BROTE

GRÜNE KISTE

PASTA

SUPPEN & EINTÖPFE

KARTOFFELN

FISCH

FLEISCH

SÜSSES & DESSERT

Ich bin wahnsinnig stolz und dankbar, ein Teil des kreativen und kulinarischen Teams zu sein, das sich in so vielen Momenten gefunden hat, um dieses Buch zu kreieren. Insbesondere gilt es hier auch die unfassbar tolle Zusammenarbeit mit **Doppeldenk** hervorzuheben, die uns große Freude mit ihrem Artwork bereiten.

Außerdem möchte ich unserem Verbalerotiker **Thees Uhlmann** meine Dankbarkeit und meinen Respekt aussprechen, er hat dieses Werk mit seinem Wortwahnsinn komplettiert. Nix als Liebe. Die großartigen Fotografien von **Reinhard Hunger**, nebst dem Styling von **Christoph Himmel**, sowie das perfekte Layout von **Anja Laukemper** bilden den gestalterischen Nährboden dieses Buches und heben es auf einzigartige Weise aus der Masse heraus.

► Danke für eure Energie, Kreativität und Inspiration. Danke an **Marcel Stut**, ohne den wir hier nur einen Schuhkarton wirrer Ideen und kein besonderes Kochbuch in den Händen hätten. Danke für alles und mehr. **Tim**

DANKE

Frank Meyer, Sebastian Brugger, Alex Maus, Anne Haupt, Matthias Haupt, Michi Wagner, Marie Moje, Ian Ludwar, Mika Puri, Jendrik Wichels, Cornelia Hanke, Stephanie Taverna, Ina Hochbach, Johannes Engelke, Oliver Wirtz, Kristina Kraske, Andrea Gödecke.